聪明女人的66封

读心札记

文静
编著

中国華僑出版社
·北 京·

图书在版编目 (CIP) 数据

聪明女人的 66 封读心札记 / 文静编著 . —北京：中国华侨出版社，2012．10（2025．6 重印）

ISBN 978-7-5113-2721-5

Ⅰ . ①聪… Ⅱ . ①文… Ⅲ . ①女性－心理交往－通俗读物 Ⅳ . ① C912.1-49

中国版本图书馆 CIP 数据核字（2012）第 251061 号

聪明女人的 66 封读心札记

编　　著：文　静
责任编辑：唐崇杰
封面设计：周　飞
经　　销：新华书店
开　　本：710 mm × 1000 mm　1/16 开　印张：12　字数：137 千字
印　　刷：三河市富华印刷包装有限公司
版　　次：2012 年 10 月第 1 版
印　　次：2025 年 6 月第 4 次印刷
书　　号：ISBN 978-7-5113-2721-5
定　　价：49.80 元

中国华侨出版社　北京市朝阳区西坝河东里 77 号楼底商 5 号　邮编：100028
发 行 部：（010）64443051　　传　　真：（010）64439708

前言

人类的内心防线是可以被交谈对方打破的。在说话过程中，如果一个人的嘴在撒谎，那么他的眼睛一定是游离不定的；如果连他的眼睛也在隐瞒你，那么他一定会在穿着打扮上有所疏忽；如果他连穿着打扮都伪装得很好，那么你最好注意一下他的身体语言……人类有许多方法撒谎，但总会在某一方面露出马脚。

即真相总能通过各种角度被细心的人读出，无论你隐藏得多么完美。

所有的谎言迹象中最明显的信号是由身体传达的。因为我们很难控制自己的生理机制，比如，在害怕、紧张的时候，我们可以装作镇定地说自己“不紧张”，却不能抑制自己出汗、脸红。

一般而言，人在感觉厌恶的时候，嘴唇会上抬，眉毛下垂，然后眯起眼睛。女人如果看到对方露出了这个表情，就应该立刻知道，自己没有什么希望了，最好赶紧离开。

相反，如果对方先眯眼，而后眉毛收紧，嘴角下拉，下巴抬起或收紧，这就说明他为你的事感到难过，他心里很惦记你，很在乎你。女人如果从对方眼中看到了这个表情，你就有福了。

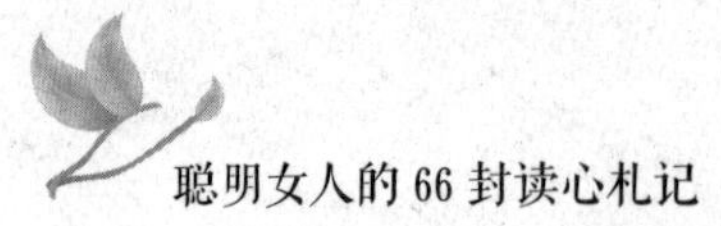

人类心中究竟隐藏着多少秘密，没有人可以全部获得，更何况社会纷繁复杂，瞬息万变，人们每时每刻都在与他人进行沟通，这就使得人际交往变得越来越复杂和多样。再者，人性的弱点，利益的驱使，都使得人们在交往时选择隐藏。

女性是个特殊群体，她们感情丰富，容易轻易相信他人，如果不能识别人心，不懂与人交往的分寸，就会在激烈的社会竞争和复杂的人际交往中受制于人，处于被动局面，甚至落入他人的圈套和陷阱，使自己的人生蒙受重大的伤害和挫折。

基于此，《聪明女人的66封读心札记》教给广大女性一些“读心术”。本书分别从表情、装扮、语言，以及姿态、习惯、兴趣方面揭露人类的内心秘密，让广大女性读者能够在人类交往中成功读出对方内心想法，使交际变得顺风顺水，从而赢得一个好人脉、好人缘！

目 录

第1章 表情直指心间

——不用开口问，表情告诉你他在想什么

第2章　装扮泄露天机

——看明白穿戴的门道，心思一摸一个准儿

第3章　话里暗藏玄机

——有些话是让你用耳朵听的，有些话是让你用心听的

第5章 习惯绝非偶然

——那些不起眼的小事儿，往往都是心的写照

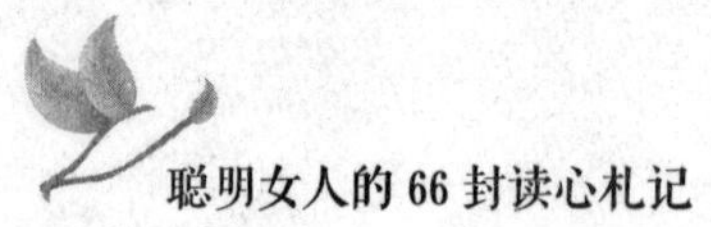

第1章

表情直指心间

——不用开口问，表情告诉你他在想什么

表情是内心情绪的一面镜子，很多时候人们会通过表情来展现自己的情绪变化。聪明的女人不需要多说多问就可以从对方的表情参透他的内心。无论是寂寥的哀愁还是成功的欣喜，无论是伤心欲绝的泪水还是脸颊猝红的羞涩，无论是冷无表情的锐气还是嘴角上挑的傲慢，一切的一切都会通过面部表情不折不扣地表现出来。正所谓表情直指心间，每个人都有心灵的密码，而表情就是破译这一密码的必备工具。对于聪明女人来说，参透人心不在于语言，而在于她们敏锐的观察力。即便对方没有张口，表情已经告诉了她们一切。

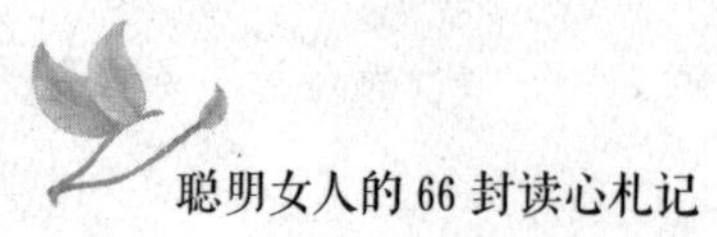

01 表情是内心的晴雨表

人们常说："表情是内心的晴雨表。"这话说得一点没错。通过一个人的表情不但可以判断出对方性格，还可以清楚地知道对方当下的心情如何。一个人如果正值春风得意，必定是会双眉舒展并面带笑容的；一个人若是遇到了什么倒霉事，就会眉头紧锁，面露悲伤、忧郁；如果是怒火中烧，一般来说会脸红脖子粗，面部肌肉抽搐不止，双眉竖立、咬牙切齿；如果是有愧于心，也许会脸热心跳，呼吸急促，两耳发热，脸上多半会出汗，所谓"汗颜"就是这个意思；如果是恐惧，通常会脸色苍白，体温尤其是皮肤温度下降，呼吸不畅，嘴唇颤抖，等等。由此可见，表情的确可以反映一个人的内心世界，整个波动的过程在这张晴雨表上必然会得到相当完美的体现。

当然，一千张脸必然会有着上万种微妙的表情，想识破世间的每一张脸是需要相当高的悟性和阅历的。大家都是凡人，每天还要工作生活，再聪明的女人也不会愚蠢到将自己全部的时间精力都耗费在研究别人的表情上。之所以在关键时刻可以精准地做出判断，主要还是抓住了大概的几个关键点。那么，这些关键点究竟是什么呢？现在就略说一二，希望对大家有所参考：

1. 神情紧张，或许是因为太过重视

有些人在生活中初次见面会产生一种局促不安的感觉。他们脸微红，说话有些磕磕巴巴，身子常常会微微颤抖，手指紧握，不停玩弄一些小东西。在很多人眼里这样的人是经不起事儿的，见个人都那么紧张，因此不愿意过多地与他们交流，而事实并不是这样。

很多人在生活中甚至遇到一些相当紧急的事情时都会做事不乱，唯独在面对自己青睐的对象时会局促不安，不知道手应该放到哪里。之所以交谈的时候是如此紧张，关键在于他对于你存在着某种感情纠葛，过于在意你对他的看法，因此很难抑制情绪坦然面对。面对这样的人，聪明的女人会采取一种宽容的态度，帮助对方舒缓紧张情绪，一旦对方心绪稳定，情绪放开，确定你对他没有敌意和反感，整个交流就变得轻松融洽了。

2. 阳光灿烂，来时汹涌去时快

有些人每天都给人一种阳光灿烂、魅力四射的感觉，他们的脸上总是带着热情的微笑，每一个动作都极优雅大方。初次见面就表现出极为洒脱的一面，言语风趣幽默，滔滔不绝。不得不承认这样的人是有魅力的，他能够在第一时间赢得他人的好感和青睐，但同时也给两个人未来的相处带来诸多隐患。

生性乐观的人，对于自己感兴趣的人会在一瞬间倾注自己所有的心思，但其耐力却难以持久。之所以会接近某个人，主要是在对方身上有一些他们渴望弄明白的事情。当这种猎奇心态在不断地交往中得到了满

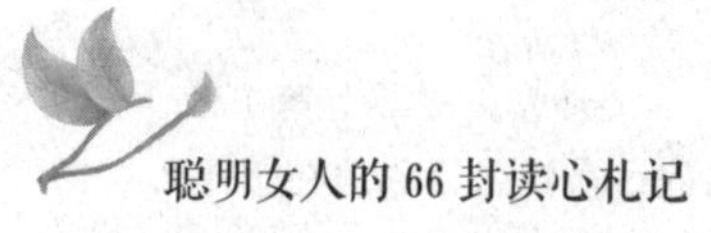

足，他的兴趣也就随之慢慢平淡了下来，只要当其认为你的身上已经没有任何新意，便会渐渐将目光瞄向别人，走的时候也休想指望他能对谁有任何怀念。

对于这样的人，聪明女人一定要把握两点原则，如果你确定这个人对你很有吸引力，那么最好能够时刻保持交往的新鲜感，与其见面尽量不要过于频繁，以免因为见得太多而让其感觉到视觉和心理上的乏味。如果确定自己并不想与其进行更深入的沟通，自己也确实没有那个能力对其长时间地保持新鲜状态，那就不如提早做好心理准备，以免结果出来产生自我心理落差，适时保持忽远忽近、刚刚好的距离，不为此人产生过大的情绪波动，也有效避免了自己今后内心的波折伤害。

3. 冷静严肃，酷爱刨根问底

有些人常常表情淡定，给人一种严肃的感觉，抿嘴皱眉，双眼紧紧跟随着你，关注着你的一举一动，像是要把你从外到里看个透彻，活像个侦探。有些人会觉得，外表冷峻的人是因为内心执着，而且非常自信。可事实上其间有很大一部分人是因为对身边的人有着多种质疑，而且内心防御意识相当强烈，所以才会有意摆出这样的架势。

由于对别人不信任，因此心里总是不安心，常常有意无意地刨根问底，像侦探一样去研究别人，验证别人。除非真的确定此人可靠，否则绝对不会停下自己考证的脚步，更不会向你敞开心扉。面对他的这一行为，聪明女人可以采取既不过多辩解，也别急于表白的态度，他想说就做个安静的倾听者，适时给予一些回应。不想说也不用多问，以免他因为这件事情自我纠结，又开始琢磨你下一步要对他采取什么行动。对于这种人，明白究竟想要什么是很重要的，只有摸透对方的心思才能切实有效地判断出下一步自己要做的事情。

02 别怕！面无表情只因还不熟悉

面无表情很多时候其实是一种假象，是人们惯用的伪装术。当一个人面无表情地站在你的面前，你会认为对方肯定是内心冷漠、外表绝情的人，甚至会背后说他是一个“冷血动物”。他们可能对待很多事情都是面无表情，所以你会猜想，他们的生活也许是单调和乏味的“冷拼”，或者你会猜想他们的人生可能是遇到了什么不能度过的坎儿。懂得读心的女人千万不要被这种假象蒙蔽了双眼，而事实往往只是因为彼此之间不够了解，彼此之间不够熟悉的缘故。

不管是在生活中或者是在工作中，很多人早已习惯了用毫无表情的脸来面对世界，他们总是冷漠地对待你，或者是能够和你少说一句话绝对不会多说一个字，甚至可以说是“懒得”与你交流。即便你觉得两个人有交往的必要，但是他们却还是不改以往的冷漠，他们习惯在与你说话的时候将微笑抛诸脑后，即便你用自己的微笑“挑逗”对方的面无表情，他们的脸像是被冷冻了许久的冰块，没有丝毫想要融化的可能。这个时候你可能会感觉到对方是一个很难相处的人，对待对方你也会变得不知所措，因此，你会慢慢地疏远对方，甚至觉得疏远对方是对方自己想要的感觉。

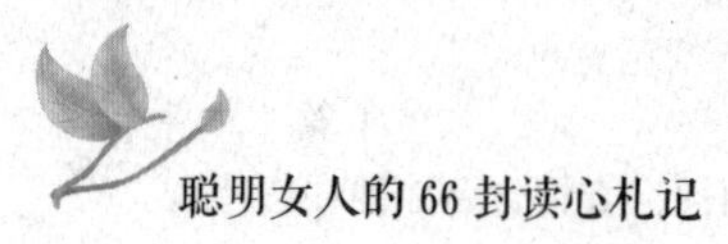

其实，一个内心谨慎的人往往会用面无表情来作为一种自我防范。当两个人的接触时间还很短，没有达到熟悉的程度，两个彼此都十分陌生的脸相撞的时候，必然会保持面部本来的样子，他们习惯了将你看透彻之后才与你进行沟通，此时脸上才不会吝啬自己的笑容。他们想要认知你的内心，往往会选择默默地观察你的行动，一旦感觉到你的思想与自己的思想有冲撞的时候，内心中会条件反射似的认定你为“威胁品”，那么果断地断绝与你的一切来往是他们最直接的表现。反之，如果对方用谨慎的心感觉到你的真实和从未感知过的亲切，他们便会慢慢地主动靠近你，靠近你的同时会不再吝啬自己的表情，猝然你会发觉冷漠的外表早已经支离破碎。

因此，聪明的女人不会轻易被对方面无表情的外表所欺骗，更不会幼稚地学着用同样冷漠的态度去“报复”对方的面无表情。心与心的距离需要的是用时间来磨平，当时间一分一秒地流逝，两个人才会发现心中的距离已经缩短了一半，而另一半需要的是你主动地去沟通。沟通，是捅破冷面无情面具的一把有力的匕首，假面具掉落的时候往往是两个人建立友情的开始。

03 对方笑里藏刀，先看刀出鞘何处

生活中笑里藏刀的人并不少见，他们明里一套，但暗地里又在做着

另外的事情。既然这么居心叵测，自然不是什么好对付的角色。提前看出他们的马脚，对于一个聪明女人来说是非常重要的，自己必定不能永远深陷被动。及时地转换思路和策略，对于自己来说绝对是一种有效的自我保护。那么对于这样的人，我们应该怎么对付，如何看出他们笑容中暗含的杀机呢？在回答这些事情之前，还是要让我们好好斟酌一下下面两个问题吧。

1. 他们为什么要“笑”

笑里藏刀的人往往用笑容来遮掩自己的内心或者是自己的真实想法，那么弄明白他们为什么而笑，这样你就能够看清楚对方所针对的事情是什么。如果你能够弄清楚对方因为什么事情而假装微笑，或者是想要用微笑来掩盖自己的真实内心的时候，你会发现对方已经开始笑里藏刀，开始了自己的计划和目标。

想看一个人的内心，不单单要考察一下他怎么对待你，更要好好看看他是如何对待别人的。真正要看透一个人的内心，就一定要站在第三者的角度来打量对方。正所谓“当事者迷，旁观者清”，他怎么对待别人，多半你也不会是个例外。只要你能够准确拿捏住他对别人出招时的惯性，就必然可以在他对付自己的时候躲过他的伤害，绕开一个又一个微笑背后的圈套和陷阱。

2. 如何提防“刀”冲向自己

既然要出刀，一定是要在你毫不防备的时候将刀锋冲向你的要害。因此，作为一个聪明女人，你一定要将对方的一举一动全部看在眼里。

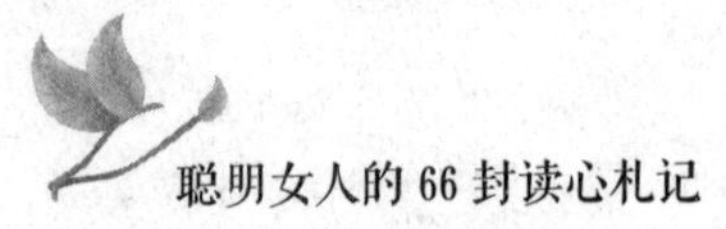

既然觉得对方是个笑里藏刀的人，就一定要对其多加“关照”，他说的每一句话，要你做的每一件事，都千万要保持慎重的态度，千万不要因为一时的疏忽，而让自己陷入无法挽回的困局。

每个人都会有属于自己的选择和目标，很多人为了自己的目标必然会伤及他人，这种现象可能在今天这个竞争激烈的社会中在所难免。聪明的女人不会选择用抱怨声去指责这样的人，但是她们在面对这样的人的时候，会先去弄清楚自己是不是对方的刀下的“猎物”。如果他们是在针对自己，那么应该会毫不客气地给予反击。当然，如果目标并非自己，那么聪明的女人也没有必要拒对方于千里之外。

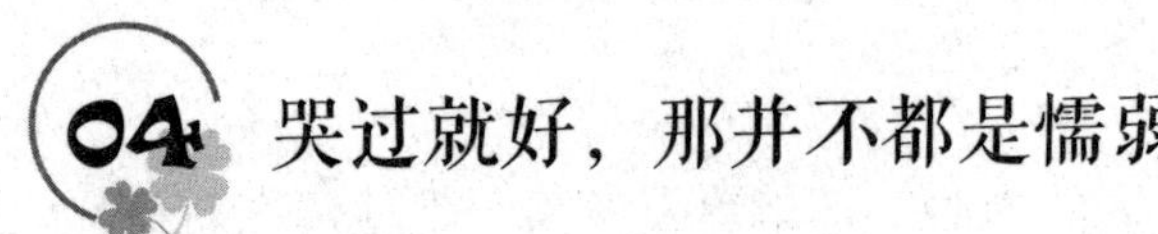

04 哭过就好，那并不都是懦弱

微笑与哭泣，那并不只是代表一种简单的心态和情绪，只是在很多时候人们习惯了将微笑定义为快乐和坚强，而哭泣往往被认为是悲伤和懦弱。于是，人们会习惯从表象来定位一个人的内心世界，也习惯了当一个人哭泣的时候，用简单的语言去安慰对方。其实，这个时候对方需要的不是简单的安慰，或许他们需要的仅仅是你的了解。

不管眼泪意味着什么，作为一个聪明的女人必须清楚对方内心的真实想法，透过这滴滴露珠般带着咸味的液体，我们究竟会看到一个怎样真实的内心？要想读懂哭泣中夹杂的心理波动，聪明女人首先就必须了解不同人对于哭泣这件事情的看法，只有深刻地明白眼泪中夹杂的感受，才能更好地与对方相处，找到最为适当的说话方式。如何在认清对方本质和用意的情况下，将自身的一言一行做得恰到好处，这才是作为一个读心高手所最应该关注的问题。下面就让我们一起来看一看，大千世界，众人眼中所含泪珠中的心理密码吧。

1. 哭泣是在帮助身体减压

在生活中，我们经常会听到人们说女人爱哭泣，难道哭泣只是女人们的专利？在当今的生活中，竞争与紧张是并存的，生活节奏如此之快，不管是男人还是女人，都需要寻找一种很好的发泄方式，哭泣往往会成为发泄自己的紧张情绪、缓解自己内心平衡的一种良药。当然，从健康方面来讲，适当地发泄一下是很重要的，是身体排毒的重要方式。

聪明的女人懂得在此时此刻“不动就是行动”。生活的压力往往让人们喘不过气，只有选择哭泣，让眼泪冲洗积压了很久的压力和无助，通过哭泣让自己的内心得到舒缓，所以说哭完自然会情绪好转。这样的人懂得调整自己的心态，无论遇到怎样的无奈与困境，都会学会发泄，而不是让自己变得抑郁。哭过之后，他们懂得让自己的内心变得更加拥有斗志，更加坚强地去为了未来而奋斗不止，坚持努力往往是他们催促自己的口号。

2. 哭泣是厚积薄发的勇敢

无声的哭泣，让泪水挂在眼睛周围，这样的人不想让别人看到自己的泪水，这样的人在经历了失败或者是挫折之后，会选择用哭泣忘记以

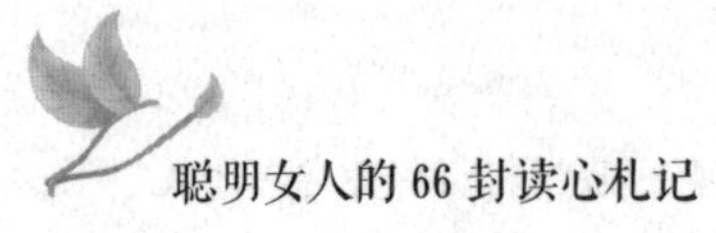

往的失败，用哭泣告诉自己以后的道路还有很长，需要自己不断地去努力。他们在生活中往往会比较努力，但是结果可能不会如其所愿，所以说他们的泪水，往往不是因为甘心失败或者是表达自己的无助，而是因为想要让自己变得更加的勇敢和坚强。

所以说，当一个人在失败的时候哭泣，其实是为了证明自己虽然失败但是依旧会选择坚强和勇敢，他们在哭完之后，自己的内心就像得到新的血液一样，重新变得更加地有力量。这样的人，往往有很强的耐性，他们懂得忍耐上苍失败的安排之后，获得的往往是上苍的青睐。但是这样的人性格上比较固执，他们在做事情的时候往往不懂得变通，但是因为他们的执着往往也能够达到他们想要的结果。每个人的生活往往需要很多的力量来作支撑，这个时候哭泣往往是在自我鼓励，鼓励自己忘记以往的痛苦和失败，从而让自己变得更加自信，以后的路也才会变得更加顺畅。

3. 哭泣是因为真实的感动

生活千姿百态，人与人各有不同，生活就像是一位雕刻大师，会对每个人的性格进行塑造和雕刻。所以说，感动也会伴随着泪水，感动过后，这些泪水往往会成为美好的回忆。

当一个人因为某件事情触动了内心，往往会面带微笑并流下感动的泪水，这样的人拥有着细腻的情感和内心，他们的情绪会随着外界的场景发生变动。情绪化的个性难免会让他们看起来比较感性，缺少了一份理智的头脑，做事情也是比较容易冲动，没有办法淡定。认真地去完成一件事情往往会让他们感受到截然不同的心境，因此，他们乐于花费很多时间来为一件小事情费神。在生活中，他们心思细腻，懂得体贴他人、照顾他人，所以这样的人往往比较浪漫。

4. 哭泣是一种情感的互动

哭泣其实是一种情感交流的手段，你不得不承认很多时候恰到好处的哭泣会加深彼此之间的了解，也会让彼此找到共同的话题。当然这也要找准时机。当一个人在哭泣的时候往往会得到别人的“关怀”，从而他们就能够很自然地表露自己的心声。

一个缺少安全感的人往往需要的是别人的在意和关怀，选择哭泣让自己的情感更顺其自然地发泄往往会成为他们交往的手段。在生活中，他们需要的是亲人朋友的慰问，在工作中他们往往需要同事和朋友的认可和支持。通过哭泣来沟通彼此之间的情感，往往会让一个人感受到来自外界的温暖，他们会按照自己的直觉来计划事情。因此，智慧的女人会想尽办法取得对方的信任，给对方以安全感。

懂得读心的聪明女人，不会单纯地认为爱流泪的人就是一个懦弱的人。因为她们明白流泪配合着不同的场景，自然会表达出不同的内涵。喜怒哀乐的情感，往往是每个人都会经历的，同样地，当一个人哭泣的时候，往往也可能是因为喜极而泣、怒气冲冲、伤心欲绝、乐极生悲。所以说，哭泣并非懦弱的同义词，更不是悲伤的专利，看透简单的哭泣，你才算掌握了基本的读心术。

05 嘴唇噘起，不满由心而生

在生活中，我们常常会看到很多人在情绪泛滥时起先都会将嘴唇微微地向上撅起，尽管有些人会因为场合原因尽可能地去抑制自己有这样的举动，但只要你用心观察，还是可以从对方这种不由自主地动作中判断出当下他的心情如何。下面就让我们来好好审视一下这张向上撅起的嘴唇里，究竟藏匿着多少不为人知的心理吧。

1. 嘴唇噘起是不满的表现

当一个人遇到不如意的事情的时候，往往不会选择直接地去用言语来表达，因为在很多时候那种场合是不允许你说出一个“不”字的，但是要知道，对方不用言语说出自己的不满，并不代表着对方内心的满意。因此，他们通过嘴唇噘起的动作和面部表情来表达自己的不满。

一个人既然能够产生不满的心态，就证实了对方有着自己的做事原则和观点，而这种原则不是能简单用言语来描述或者是解释的。这样的人不善于用语言来表达自我，“嘴上功夫”往往是他们沟通的弱点。当他们嘴唇噘起的瞬间，内心的情绪也已经出现了波动。情绪化的性格通常会表露无遗，再加上他们敏感的细胞，会更加地在意他人的一举一动、一言一行。但是，这样的人即便是自己再不满意，也会顾全大局，尤其是当着很多朋友在场的时候，也不会有过分的举动。

性格特点：情绪化、敏感、不善言语表达，但是能够顾全大局。

懂得读心的女人往往在遇到这样的人的时候会经过认真思量，寻求合理的计策。人与人的交往讲究的是平等，所以不要对他们提出过分的要求。再者，因为对方的情绪总是会因为不起眼的小事情而发生波动，所以聪明的女人就要避免自己的言辞过于偏激，以免对方会对你产生防御的心理。最后，因为他们具有顾全大局的眼界，所以作为聪明的女人也不应该故意在“大局”面前激怒对方，给其最起码的尊重。

2. 嘴唇噘起是内心怀疑的表现

社会的磨砺，让很多人得到了教训，从而对于别人说的话不会轻易地相信，但是又不好意思直接地表达怀疑的态度。因此，往往会用这种嘴部动作来表达他们怀疑的态度。这样嘴唇微微翘起，往往还会伴随着眼睛怀疑的目光。用这种嘴部动作来引起对方的注意，不可不称是绝妙的办法，从而也会加强自己说话的可信度。

要知道用嘴唇噘起来表达自己内心的怀疑，往往是一个有自己思维的人，他们总是在思考别人的言语，希望通过自己的思考来判断别人的话是否可信。当然，多疑的内心总是让他们感受到别人的无法信任，内心徘徊在信任与不信任之间，难以抉择。因此，如果想要取得这些人的信任，需要耗费很长的时间，日久见人心往往会是他们人生的信条。当然，任何性格也是有利有弊的，正是因为怀疑的态度，让他们在工作中也学会了质疑。自然会避免工作中出现没有必要的失误，无形中给自己的工作创造了更大的发展空间。

性格特点：善于思考、生性多疑、思维敏锐。

聪明的女人会小心对方的这个细小的动作，从而时刻告诫自己要谨

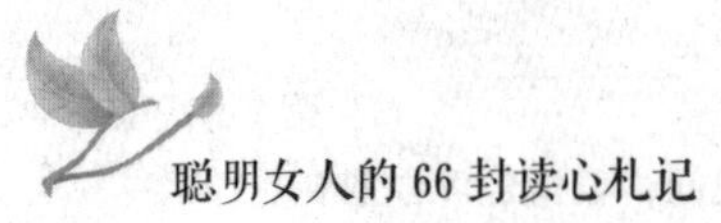

慎，不要因为一时兴起说出不该说的话。同时要让对方信任你，就要尽量提升你言语的可信度，在你的言语中尽量不要用模糊不清的词语来表述，确切的词汇更能够增加对方的安全感。行为上不易主动地靠近对方，因为你越主动对方越以为你心怀不轨或者是有所企图，所以说顺其自然地掌握彼此之间的距离，往往是最佳办法。如果你想要与这样的人成为朋友，那么你就应该做好被质疑的心理准备，解释的时候也要懂得寻找“凭证”，只有这样才能够让对方信服你。

真正心境复杂的人往往不会轻易表露自己的所思所想，所以说将自己的内心毫无防范地表露到面部某个部位的人，不会有过多的害人之心和阴谋诡计。懂得识心的女人从对方不由自主的嘴部动作，读出对方深藏在嘴角的蛛丝马迹，从而掌握好谋略和方法，与这样的人交往，最终成为志同道合的朋友。

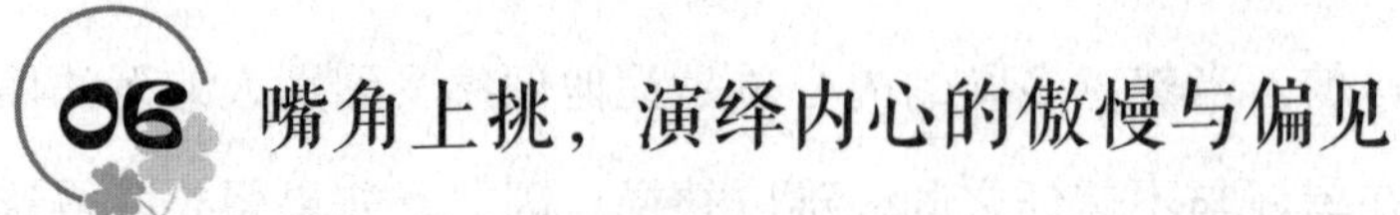

06 嘴角上挑，演绎内心的傲慢与偏见

生活中我们会看到这样一些人，他们表面上对每个人很尊敬谦卑，但事实上常常会有意无意地说一些傲慢的话，虽然言辞委婉客气，但相处时间一长，你就会感觉到他对你是存在诸多偏见的。只要你注意观察，就会发现他们上挑的嘴角上，洋溢着一种狂妄的傲慢。尽管他们脸上带着微笑，甚至对你出手大方，但在他们的内心却始终认为你与自己不是

同一档次的人。

聪明的女人会通过交流中敏感而深邃的话题来识别一个人的真实内心，对方的一个表情的转换、一个动作的开始，都会成为她们试着解开对方心灵密码的钥匙。每个人的内心都有一盘棋，而这盘棋怎么走往往需要将混淆他人视线作为必选的手段。因此，懂得用心去观摩的女人，自然会看出对方的棋盘阵势。在生活中，聪明的女人也经常会遇到这样的人，他们总是显得“高人一等”，总是觉得别人所说的并不值得自己注意。面对他们的这一细微的举动，聪明的女人总是能够在第一时间查明真相，探明对方藏匿谦卑假象背后的真实用意。

07 脸颊猝红，可能是羞涩，也可能是心虚

人不是那么容易被看透的，正如脸颊上的猝红往往承担着双重的性格角色，究竟谁是出于羞涩尴尬，谁是出于心虚自卑，作为一个聪明的女人一定要将其看清楚。倘若误会了其中的心理活动，判断能力发生偏差，不但自己会在其中受到伤害，就连身边的亲人和朋友也会为你着急上火。藏匿在红润脸颊上的玄机究竟如何破解？而自己在看透对方内心之后又应该做些什么？下面就让我们将这两个截然不同的心理活动进行一下细致的分析，说不定可以帮助你在细枝末节处找到破译对方心灵密码的密钥。

1. 羞涩与尴尬

人与人交往，往往会因为对方的一句话而让自己内心突然感觉很羞涩，尤其是与陌生人交往的时候，往往会因为对方的举动或者是言语，触动一个人的敏感神经，从而脸颊猝红，不知怎么样来做，顿时感觉到场景十分尴尬。但是，通过一个人的羞涩，或者是尴尬而脸红，能够反映出对方怎么样的内心世界呢？

聪明女人常常会发现，一些男人在社交的时候，尤其是与异性交往的时候，往往会因为异性的一句话或者是一个近距离接触的动作而变得慌张失措，甚至是脸颊猝红。要知道这样的人往往是刚刚步入社会的年轻人，他们社交经验比较少，因此在社交的时候对待一些基本的动作或者是一些言语还无法正确地分辨与应对，所以说当他们感受到别人近距离接触到自己的时候，难免会感觉到羞涩。尴尬的场景也会让他们脸颊猝红，尤其是因为自己滑稽的言语，让场景变得僵持难耐，脸颊也会猝然变红。这样的人，往往应变能力比较差，社会经验比较少，性格上比较内向。

因此，注重自我的言行，往往是交往的最佳妙计，最好是在刚认识初期，能够和这样的人保持一定的距离，这不仅仅有助于你们更进一步的交往，也是读懂对方内心的关键一步棋。当然，尊重在任何时候都会成为交往的前提。

2. 心虚与自卑

外界不经意间的威胁，往往会让一个人做出防御或者是攻击。而有些人在不适当的时候做了不正确的事情，因此，他们会感觉到这些事情有必要隐藏起来，不想让他人发现，于是会选择陈放在心底。但是世界上没有不透风的墙，总有一天火会将包裹着的纸烧透。设想在某一天，自己不想被别人知道的事情，突然被别人提起，听起来必然会感觉到刺耳，那么他们内心会突然感受到威胁，但是也无法防御，因此往往会感觉到心虚，从而产生惧怕的心理，这个时候脸颊猝红、心跳加快也是很正常的事情。当然，还有另一种情况出现，很多自卑的人会觉得自己一无是处，因此，当别人夸奖自己的时候，或者是在自己遇到困难的时候，都会紧张得心跳加快，内心变得不知所措，脸色骤然变红。

懂得读心的女人会注意到犯错的人也容易脸颊猝红，即便他并不是故意去做错，最终导致出错的原因有很多，进而没有实现自己想要的结果。因此，在这个时候，有的人习惯性地会选择隐藏自己的过错，或者是逃避错误造成的损失和责任，这样的人往往不在少数。因此，他们害怕自己的过失会被别人发现，从而往往会形成一贯的逃避心理。但是一旦事情暴露，心虚的情绪会爬上脸颊。这样的人，不懂得负责，只懂得逃避，也是生活中的懦弱者。

聪明的女人要想看透这样的人的内心世界，就要学会以退为进的交际技能，切忌过于主动。因为一个心虚的人往往不会乐意和过于主动的人交往，他们害怕自己的内心被你看穿。当然对于一个自卑的人来讲，智慧的女人要做的就是鼓励对方，不仅仅是在语言上，也可以是在行动上。让心虚的人感觉到你的存在是安全的，让自卑的人因为你的鼓励而有勇气，那么自然你也就成了他们的朋友。

有的女人往往不会观察到一个人脸红背后的奥妙所在，更不会注意对方内心的是非曲直。要知道脸颊猝红多半是因为心境上下起伏的结果，而这种变化无非是感受到了羞涩和尴尬、心虚和自卑。懂得读心的女人，会巧妙了解对方的内心，让自己成为不折不扣的读心高人。

第2章

装扮泄露天机

——看明白穿戴的门道，心思一摸一个准儿

“人靠衣裳马靠鞍”，说的是人要选择好适合自己的服饰，才能够展现出最佳的自我。同样地，并不是所有的人都会将自己的真实思想通过语言直截了当、毫无隐藏地表露出来。人们习惯了将心绪深埋内心的角落，聪明的女人就要学会通过对方的装扮来看透对方深埋的情感与性格。不管是通过华丽的服装还是名贵的手表，不管是透过有品位的领带还是选择有档次的提包，睿智的女人往往能够从这些小物件上找到通向心灵的通道。

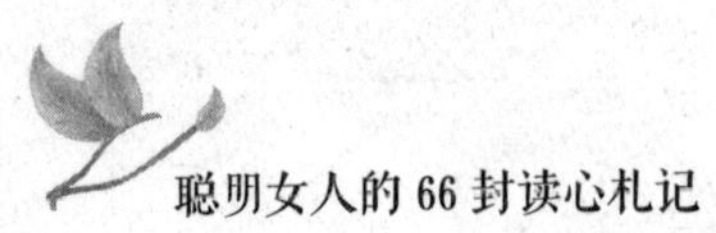

08 衣着色彩风格，暴露人们的本性特质

女人天生对美的东西有着很高的敏感度。可能说这个世界上百分之八十的颜色，往往都是在为女人服务的。颜色的偏好承载着一个人性格的导向，一个有条理的人不管是为人处世还是字里行间都渗透着他们清晰的理念，即便是穿着打扮、色彩搭配也同样会彰显出他们有条不紊、恰到好处的天性。聪明女人往往能够通过一个人对于色彩的搭配参透对方心性，哪怕只是一面之缘，也能够将对方的心性风格猜得八九不离十。

不管时光怎样轮回往复，颜色永远能够带给人最为直观的心性感触，不同的颜色代表着不同的性格。或许这些在人类还没有出现就被上帝造就出来的色彩，从一开始就作为纽带将人与自然紧紧地联系到了一起。走在大街上，不同人的色彩搭配透露着人们不同的心性本质。有些人穿着艳丽，多以暖色为主，说明这个人很热情阳光。倘若其间撞色比较多，则表明这个人对于自我个性有着很高的表现欲望。倘若这个人的选色多以单色系为主，衣服上没有太多的花纹点缀，而且多以较为清雅的色系着装，则表明对方性格独立，重心偏向于事业，且天生为人耿直，但凡答应你的事情一般都会想办法做到。相反，假如有一天你看到有些人身上的颜色和花纹繁杂，则表明目前对方正处于心绪不宁的阶段，过多的花纹和颜色代表着她的内心渴望表现，由于欲望太多，因此心绪复杂，理智和行为逻辑感不强，倘若要和这样的人做生意，最好还是要慎重一些。此外假如你看到有些人的色彩搭配相当不协调，或者衣服款式与自己完全不在一条道路上，那么只能说这个人对于自己的心性并不了解，且生活懒散、不拘小节，与这种人相处常常会发现他情绪化浓重，做起事来很难跟人碰到一个节拍上，不能说他有什么坏心眼儿，但真要一起共事恐怕会吃力很多。

由此看来，衣服颜色中的学问还真的不少。颜色和衣服的款式往往代表着一个人的心性。正所谓“千万种性格，千万种衣”，颜色就是一个人心性最好的调色板。聪明的女人往往能够借助调色板判断出一个人的性格特征，以及为人处世的准则。人们常说：“相由心生，心由色染。”之所以同样颜色同样款式的衣服，放在一个人身上很合适，但原封不动地转到另一个人身上的时候就不搭调起来。主要原因还是在于他们怀有着不同的内心、不同的性格和截然迥异的气质。

其实，不同的人穿不同的衣服不是什么神奇新鲜的事情，每个人都有每个人的色彩需求。倘若打乱了其自身的色彩条理，也就等于干扰了其骨子里先天带来的性格特质。在一种难以理解的色彩搭配下，不但这个人本身会感觉很别扭，就连跟他打照面的人同样会觉得很难受。因此，作为一个聪明女人，每当看到那些色彩搭配有悖于常理的时候，总是能够在第一时间看清其内心深处暴露的条理缺陷。从而准确拿捏不同人的性格本性，在一切得到验证之后，泰然地处理自己与对方的关系。

09 细花纹图案，不是心细是自卑

生活中我们常常会看见很多人的衣服是纯色系的，但只要用心去看，就会发现这些纯色系衣服上面印着很多细的乍看不出来的花纹。不要觉得这种举动是为人细致的表现，确切地说那往往是因为自卑心在作怪。有花纹说明他们渴望个性张扬，但由于内心的胆怯却不好意思直接表达，因此才会把这些花纹藏匿在纯色系中。这种人刚开始相处的时候看不出太多问题，但时间长了就会发现他们藏匿在表里以内的瑕疵，淡色系间层层叠叠的细花纹，代表着他们明明知道自己应该是什么样子，可却有意识地不愿意那么做，因此心里总是有着七上八下的小心思，但不这么做唯恐受到别人的鄙视，因此内心七上八下的，躁动不安，内心也就因此而极度自卑起来。

与这种人相处，聪明女人尽可能地不要伤害了他们心思里的痛点，秉持大气的风格，不要计较对方生活中的小细节。对于藏匿在他们表象下的小心思，自己则要加以防范，一边不要去得罪对方，一边要适时地与其保持一段距离。这样的人可以成为距离间隔远一些的朋友，时不时的一个短信、一个电话问候一下就可以了。正所谓言多必失，有事互相帮忙，无事别自己找麻烦就对了。倘若过分莽撞，让他们对自己抱有太多的憧憬，想逃出来可就不是那么容易的事情了。

纯色系少修饰，表达直白，思路清晰

很多人在选择衣服的时候，往往会给自己选择从上到下超不过三个颜色的衣服，而且每件装饰几乎都是纯色系，几乎没有什么太多的装饰。他们多半外表轮廓感分明，眼神锐利，对衣服的选择范围很单一，倘若一定要找件花衣服放在身上也会觉得不搭调。这种人一般事业心重，也很好了解，表达上逻辑条理清晰。假如从事的是一些专业性很强的工作，说起话来会更加地直接一些。尽管这种人脑袋精明也不会让人看不透，但有些时候也常常因为说话直白得罪人，考虑不到对方的心情。由于他们的主要注意力并没有放在研究人的心理上，却觉得自己从专业角度能够给对方一定的启迪，所以常常显得自己很强势，一定要求对方听自己的。尽管他认为这是为对方好，可是别人未必会领他的情。

对待这种人，聪明的女人首先应该对其专业知识表示认同，倘若真的有要提出的建议，还是尽可能地去引导对方自己往那个思路靠近，让其最终自己作出这个决定自己认同这个观点，而不是一味地去与之硬碰硬地较劲对抗。由于这种人思路比较清晰，时间意识比较强，做事时只说有用的话，废话不多。所以与其相处时最好别跟他扯家长里短，以免招致对方的厌倦和不耐烦。聪明女人一般可以准确地分析出冷暖浓淡色系色调人的差别。因此对待单色暖色系的人会报以阳光温馨却不耽误太多时间的交流方式，尽量在温馨和谐的氛围中推进友谊。对于单色系冷色调的人，聪明的女人则会尽量迎合对方实务派的作风，秉持彼此配合互助解决实际问题的

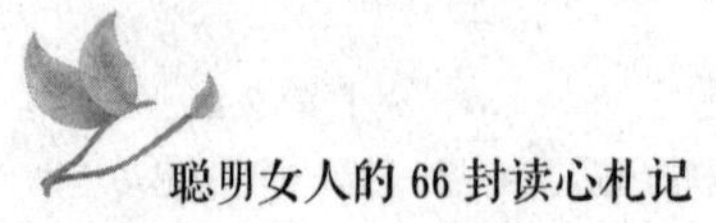

搭档情谊，一起去分享成功的喜悦。因为这种衣着风格的人，是很重情义、说一不二的人，在他们的理念中，对谁好就要帮助他解决实际问题，比起只说几句安慰话的人来说，他们更喜欢去做那个帮别人彻底解决问题的人。因此，我们常常会看到，在很多人拿话搪塞安慰的时候，这种人已经走到别的地方帮助对方解决问题去了，即便是解决不了，张开嘴也是直奔主题，给对方提出最为实际的建议，告诉他究竟要怎么办然后怎么办，或许在他们的嘴里没有太多安慰，但只要方法可行，真的能帮你解决大问题。因此，对于这种人，聪明女人必须掌握好与其交往的策略，千万不要被对方外表的冷漠所影响，倘若你真的能够成为对方用心来交的朋友，他答应帮你的事情一定是百分之百要变为现实的。

不同的衣服包含着设计师对于人心性和美感的理解，而当衣服真的挂在橱窗里，选择它的必然是那些认为它能够代表自己心性的人。聪明的女人正是抓住了这一特点从这些风格繁杂的衣服中看清了不同人的本质，并恰到好处地找到了与他们和谐相处的方式。她们早就凭借自己的感官和直觉练就了观其衣知其心的能力，即便色彩和款式不过是装点人们形象的表象，但只要专注于细节就完全可以探明谁才是自己的同道中人了。

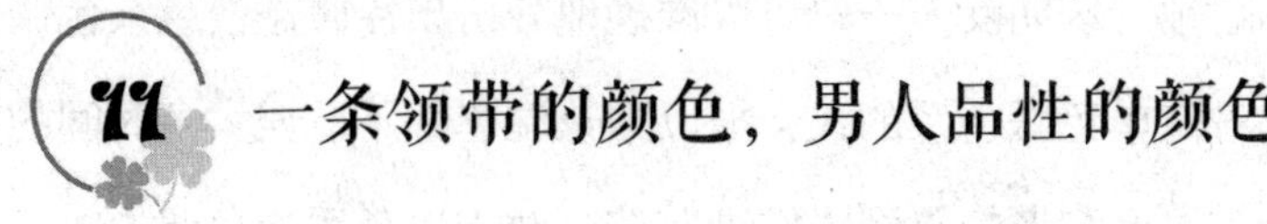

11 一条领带的颜色，男人品性的颜色

领带是男人的第二张脸，平时笔挺的西装色系单一，工作时间根本

就看不出来谁跟谁有什么不一样。可只要用心去观察，还是能从他们的身上揭开品性的面纱。小小的领带看似不起眼，却是整个男装中最大的亮点，聪明的女人往往能够通过这一亮点认清男人的内心，从而有效把握全局，找到与其最适当的相处方式和沟通策略。

1. 深蓝色方格纹领带

我们经常会看到穿白色衬衫的男士会搭配上一条方块图案的领带，这样的搭配会让他从整体上感觉不显得单调和衣着的乏味，并且通过领带图案搭配所产生的变化，会让白色衬衫变得有一定的动感，也能有不一样的视觉效果。因此，深蓝色的方格纹路的领带，往往是很常见的一种，也是与白色衬衫搭配最经常见到的一种搭配方式。

聪明的女人，通过深蓝色的方格纹路的领带的系带，会感知到对方具有的稳定性。他们的生活中不会有太大的变动，他们希望生活能够平稳向前，蹦极式刺激的生活会让他们难以忍受。他们注重细微的事情，会像是女人缝衣服那样认真。所以说不要期望从他们身上得到新的突破口，他们最擅长的就是按照老套路出牌。积极的心态会帮助聪明的女人来识别对方的战略，交往过程中谨言慎行是上策。

2. 偏亮色斜纹领带

在生活中，很多人会选择斜纹的领带。比如穿着水蓝色衬衫的男士，会选择搭配上斜纹领带。因为蓝色衬衫是许多男性钟情的款式，蓝色虽然是一种冷色调，但是在工作中能够体现出自己的稳重和理性，因此，很多男士都喜欢这种颜色的衬衫。透过颜色上较为柔和的处理，一抹浅

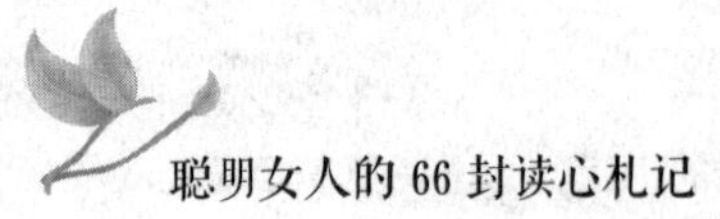

蓝的舒服色调，这种蓝色少了一份严肃，多了一份理智；再搭配一条同色系的斜纹领带，简简单单就能表达出品位至上的原则。

要知道选择两色的斜纹领带的人，往往是比较大胆的人，尤其是对于一些到了成熟期的男人来讲，如果他们选择了这种偏亮色的斜纹领带，那么往往表明对方是一个希望彰显自己依然年轻的人，心理年龄小于自己的实际年龄，从事的工作往往也是与人交往性质的，因此，这样的人往往是善于沟通和表达的人，与人交往总是显得比较机智灵活，处世灵活往往是他们的特征。当然，与这样的人交往，往往会让你感觉到有一丝丝的不可信任，因为他们的言语听起来很“花哨”，聪明的女人会看透对方的这一点，然后选择适度的方法与对方进行交往。

3. 暗色方块格纹领带

在生活中，用心观察的人会发现男士们喜欢选择咖啡色衬衫搭配上一条方块格纹领带。咖啡的大地色调是近年来颇受青睐的颜色，这种颜色的衬衫会显出时尚的色彩。透过相同色调的领带搭配，轻松表现男性应有的时尚态度，展现与其他人截然不同的品位。当然这个时候对方会选用一些颜色比较适当的方块格纹领带。方块格纹往往会彰显出一种时尚，这种时尚并不是大胆，是一种截然不同的品位特点。

聪明的女人会发现一些成功人士，他们不乏时尚的眼光，工作中的严肃完全抵挡不住他们时尚的生活。于是，男士会选择暗色方块格纹领带，这样的领带不仅显得自己稳重，因为领带的底色是暗色的，往往是稳重的表现。同时，因为领带上的方格纹路，会让自己在稳重中显露出一丝丝的灵活与俏皮，不至于看起来死气沉沉，更加增加了时尚的色彩。

这样的男人，往往做事情会全面地去思考，也会考虑到对方的心理变化，因此，聪明的女人往往需要理智和敏锐的思想来与这样的人达成共识，从而增进彼此之间的关系。

在当今社会环境下，男士的形象和品性就是走向成功的第一步。文雅、沉稳往往是社会对男士的形象要求。领带作为男士服饰的一部分，领带的颜色也是男士形象的重要组成部分，它充分体现了领带作为服装饰品的丰富内涵，为男士独特的内心世界做了最好的形象注解。虽说领口之间的方寸之地占不了多大地方，聪明的女人却能够透过这个色彩窗口，洞察到这些“领带男”的内心世界。聪明的女人，不但可以通过男人的领带了解他的为人，还可以帮助他选择最适合的色系装点他的内心，摆正他的态度，甚至影响他的情绪。或许这个世界上只有真正懂自己的人才是最值得珍惜的，而一个富有智慧的女人往往能够成为男人的知己，将最对的领带送到对方的心坎里。

12 “表”露人心，它是人们的“面子工程”

由于每个人对自身的认识不同，因此对于表的审美也是大不相同的。表象征着一个人内心的需求，通过这小小的物件，聪明的女人往往可以不用交流就知道对方内心的很多秘密。表的款式、材质、设计、型号等诸多方面都渗透着一个人对于生活的理解，对于人生的认识，以及对于

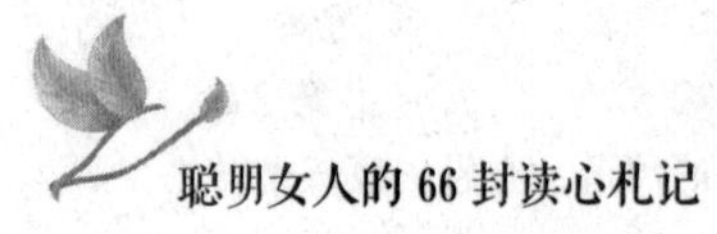

自我标准的定位。通过一款小小的手表，女人往往能够了解对方的性格，是严谨型还是经验型，是时尚型还是个性型，总而言之，不同的表诉说的不仅仅是它的品质，还代表着这个人内心世界的另一张脸。只要细心的你能够明白这张脸上究竟在表达着怎样的心绪，就一定可以找到与之相处的最佳方式，并从中找到维护他们“面子工程”的那把社交的金钥匙。

那么，究竟聪明的女人都从表中读出了对方的哪些心声呢？下面就让我们从她们的读心札记中寻找答案吧。

1. 怀表追述着怀旧的情怀

怀表可以说是表中的艺术精品，它做工精良，主要常常以纯金、景泰蓝、镶钻、佩玉等多种形式进行精心的雕琢，整个表体与一条金锁链紧紧相连，总是透着种复古的气质。尽管它流行的年代久远，但至今仍然深受一些高端人士的青睐。这样的人一般比较怀念过去，对曾经的往事有着一种追忆的情怀。怀表的复古常常会让他们产生一种时光倒流的错觉，能够满足他们怀旧的需求。这样的人一般都比较重情重义，对待昔日的旧年好友只要自己能够帮助他，就一定责无旁贷。

对待这种人，聪明的女人会采取与其一起回忆旧时趣事的方法，在一瞬间与之拉近彼此之间的距离，这样一来，对方一定会与自己产生很多切合点。同时聪明的女人还常常带一些复古的小礼品送给对方，虽然价格不是很贵，却很符合对方的口味，时间一长，朋友的情谊自然就越来越深了。

2. 钢链表，永不磨灭的地位

机械表不用电池，完全凭靠自己动手调整时间。虽然这种表出现的时间已经很长，但始终受到很过人的追捧。很多人都认为拥有一款高配置的机械表是一件值得炫耀的事情，因此机械表常常作为一种高端奢侈品出现在商场的货架上。喜欢这种表的人，一般都比较注重产品的质地，钢链表代表着他们永不磨损的坚韧，以及力求简约实际的心性。这种人一般都属于实务派的人，尽管要求品质，但做起事情却相当节俭。

对于这种人，聪明的女人应该尽可能地给对方提供一些具有实用价值的信息咨询，与其讨论一些能够解决当下实际问题的策略和方案，诸如理财、经济、法律、社会动态，以及整体管理运营发展趋势，都是这些人喜欢探讨的话题。由于他们始终相信自己是一个做事的人，所以要想与这种人成为朋友，聪明女人必须首先转化自己的角色，把自己也打造成一个做实事、头脑清晰的人，只有这样大家才能达成默契，打造彼此坚实的朋友情谊。

3. 皮带表象征着舒适中的奢华

说不好在什么时候，皮带的手表就成了众多有钱人青睐的对象。由于皮革质地细软，切合肌肤，再加上设计师对色调表盘精美华丽的设计，皮带手表已经受到了众多爱表人士的推崇。喜欢这种表的人，往往在追求奢华的同时对于其舒适度有着相当高的标准，而这种标准也透露了他们热衷于休闲生活，喜欢享受人生惬意的本性。他们崇尚舒适，为人随和，很少会跟别人过不去，因此很受大家的欢迎。

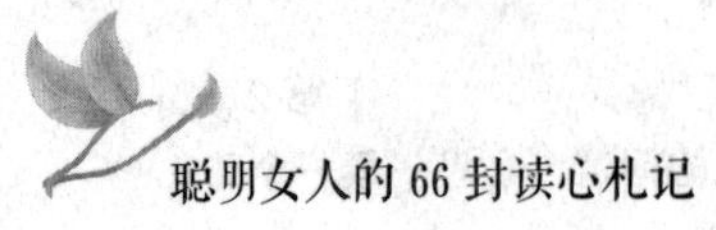

对待这种人，聪明的女人可以适时与他们在咖啡厅小坐，或是邀请对方一起去参与一些相对舒适愉快的外事活动。两个人可以随便闲聊，时不时说一些幽默的笑话，相处才会更加融洽。对于戴皮带表的人，只有你能够让他感觉到和你在一起不累而且很开心，他才会常常想到你，才会时不时地打电话约你，产生与你成为朋友的欲望。

4. 电子表象征着简约中的时尚

尽管高端表代表着一种地位的奢华，但大众最热衷的一款手表还是电子表。电子表常常以其时尚的外形设计，高级防水的性能，以及精准的表盘受到大家的青睐。对于佩戴这种表的人，常常是生活中的时尚先锋力量。他们喜欢新鲜的尝试，不甘于平庸，向往给自己的生命中夹杂一点新鲜感，认为这样自己这辈子才不枉此生。

面对这种喜欢追求个性、向往年轻态生活的人，聪明女人可以适当邀请他们参加一些新鲜刺激的娱乐活动，比如野营、私家车旅游，或是一些富有神秘挑战意味的游戏和探险活动。这些活动不但可以满足对方自身活力的需求，同时还能助长彼此活动之间的默契配合。时间一长两个人自然就会对彼此更加信赖，而且闲聊之间说不定就可以找到很多共同的兴趣和爱好。

小小的表盘，简单的表带设计，一切都是如此地微不足道，可聪明女人的一双亮眼却可以从中看出这小东西的主人藏匿在内心世界的很多秘密。表盘中的时间，分分秒秒吐露的是人心，它维护的是一个人的“面子工程”，也透露着一个人生活的理念，内心的向往。假如你真的读懂了它，它就能在第一时间告诉你它主人内心的追求是什么，从而暗示你究竟怎么做才能成为对方意念中认可的那个朋友。

13 看看他的戒指戴在了哪个手指上

事实上从很早以前，手指上的戒指就已经成为一种尊严地位的象征，就连戒指戴在哪个手指上、用什么样的材质都是相当有讲究的事情。人的手指不但能够创造财富，也能表达自己的心性，而戒指则恰到好处地将这种心性在自己的映衬下发挥得淋漓尽致。下面就让我们解开戒指与手指之间的奥秘，看看经过它们默契合作后所表达的那些主人的心性吧。

1. 拇指——富足生活

在中国，很多贵族和富商都会把一只巨大的戒指戴在自己的拇指上，这种戒指又名"扳指"，象征着无上的权力和富有的生活。戒指的选材也相当讲究，往往采用玉石、象牙等名贵的材质，再配以精细的雕琢，受到不少男性的推崇。这种人，往往富有且个性张扬，因此聪明的女人一定要小心他们的性格，尽可能不要触及他们内心的逆鳞，以免他们一下子难以把控情绪，做出一些暴躁的举动。当然这种人往往都是很仗义的，很有江湖侠气，喜欢为朋友两肋插刀，因此与之相处一定不能小家子气，倘若能够维系下这种友谊，只要以后遇到困难，他们一定会来到你身边保护你。

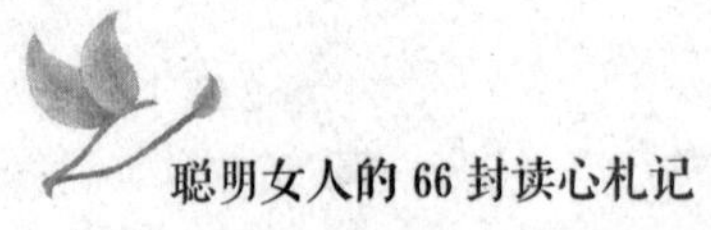

2. 食指——渴望爱情

在食指上佩戴戒指的人一般是很少见的，但是只要看到了就一定要意识到两个信息：第一，他现在还没有恋人，第二，他不排斥婚姻，渴望爱情。这种人常常会因为上学工作原因而很长时间得不到恋爱机会，可在自己的内心对自己选择的对象有很高的期待。尽管对爱情保持着相当强烈的渴望，但是却对其长久报以谨慎的态度。他们常常是爱情中的完美主义者，对自己的结婚对象很难将就了事。假如自己真的认准了，很可能会奋不顾身，但是没有看见自己倾慕的，也不会为了结婚而结婚。对待这种人，聪明的女人一定不要随意地为他们张罗对象，因为对方早已经在自己的脑海里有了自己想要的那类人的雏形。倘若你介绍的对象一味地偏离他的审美，只能会造成他强烈的反感和不配合，时间一长不但对象介绍不成，就连你们之间的友谊也会面临相当严重的考验。

3. 中指——深处热恋

假如看到对方中指上戴着一个质地相当不错的戒指，那么对于你对他的感情就一定要慎重把握了。因为他很可能正在与一个不错的异性交往，而且深处热恋阶段。这时候的人，往往时不时地想起什么就会绽放笑容，还时不时地走神，根本听不见你在说什么。或许这时候你会觉得他莫名其妙，甚至有点奇怪，不知道脑袋里想些什么。其实，他不过是在回忆与自己这个满意对象发生的一些有趣的小插曲，或是对方说的那句有意思的话。面对这种情景，聪明的女人千万不要大惊小怪，该怎么说话就怎么说话为好，毕竟谁都需要恋爱的甜蜜感，他要畅想就让他自己畅想一下好了。只要自己不是电灯泡，自己没打扰了他的闲情雅趣，时不时地做做透明人也不是什么坏事。

4. 小指——独身主义

小指上的戒指又叫做“尾戒”，象征着自己对于独身的性格取向。这种人往往没有把关注点放在婚姻问题上，相比之下他们认为世界上还有很多比爱情更重要的东西。他们常常对于感情有着诸多的不信任，甚至觉得谈恋爱就会被感情所累，不能专注于自己认为最重要的事情。这样的人常常在大家眼中有点不食人间烟火。他们平时与一般人无异，爱美、自信、淡定、从容，身边也不缺朋友一起消遣娱乐，似乎每一天的生活都很惬意，但每次一谈到感情就会有意地去搪塞，似乎这辈子都不想提这件事情。对于这种人，聪明女人与之相处时，最好不要过多地谈及感情话题，除去这件事情，你与他们说什么似乎都可以聊得很开心。由于他们内心独立，喜欢享受生活，假如自己真的希望有个人一起外出旅行，或是一起逛逛街、聊聊天，这种人应该是会随叫随到，永远不会说自己在跟谁忙着恋爱约会没时间。

看到了吗？戒指就是这样充满神奇的力量，小小的它套在不同的手指，表达的是它主人截然迥异的心性。究竟他们现在处在人生的哪一个阶段，正在经历着什么样的生活，对待人生的看法是什么样子，聪明的女人抬眼一看戒指在哪个手指头上，一切就都了然于心了。其实，读心最重要的就是读懂对方的细节，只要你能明白其中代表的含义，与别人和谐友好地相处就不是一件多么困难的事情。

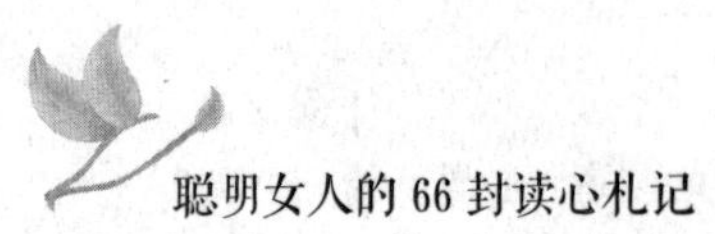

14 大包小包，包包彰显各色内心

曾经有一位名人风趣地说：“什么级别的人穿什么样的鞋，什么地位的人背什么样的包。”可见一个人的心性完全可以倚仗自己的包来表达的。包包彰显的是一个人的内心世界，表达的是他们对待生活的认知和对于自己人生精神的概括。不同品牌、大小、风格、材质的包包，都有着一种表露精神的潜质，聪明的女人往往会通过自己敏感的洞察能力洞察到对方性格，以及为人处世的方式。

那么藏匿在箱包中的内心秘密到底是什么呢？我们又应该怎样通过它摸清对方性格的底细呢？聪明的女人自然有着自己读心的锦囊妙计，看看她们札记中的小妙招，希望能对更多朋友有所帮助。

1. 将公文包视为最佳拍档的人——为人严谨，注重实际

如果一个人总是选择公文包作为自己形影不离的拍档，那么在很多时候你可以从公文包上看出对方的职位或者是工作性质，这样的人可能是某个企业的高级管理人员。选择公文包往往是处于一种实际的需要，他们多半是实用派，不求奢华的外表，但求耐用的质地。办事情会变得小心翼翼，夸张的时候呈现如履薄冰之态。当然在生活中不一定是不苟言笑，即使是有说有笑，对人也会相当严厉。这样的人不仅对别人要求严格，对自己也会要求很高，往往成为完美主义者的化身。

与此类人交往，小心为上策。如果你看对方平时有说有笑，于是你

在工作的时候就变得相当随意，如果你真的是这样想的话，恐怕你会被他的严格所击垮。要想和这样的人有很好的往来，那就要懂得公私分明，这样才会得到应有的尊重，千万不要企图依靠私下的关系谋得工作上的懈怠。

2. 休闲包如影随形的人——多变的性情中人

喜欢选择休闲款式箱包的人，表明他们的工作往往有一定的可变性，自由空间比较多，没有必要总是那么地拘谨和小心翼翼。正是因为工作的这个原因，他们在性格上往往是比较的随性，懂得如何生活，更懂得享受生活。他们会用平常心来对待工作中的晋升，因此乐观和平和成为他们性格上的有利砝码。这样的人能很好地安排工作、学习和生活，做到劳逸结合，在比较轻松惬意的氛围里把属于自己的事情做好，并取得一定的成就。

聪明的女人要想和这样的人进行深层次的交往，那么就要学会用自己的乐观心态来让彼此感受到轻松和自在。当然，如果你想要真正地了解对方，千万不要奢望自己的要求对方都会照做。如果你能够随着对方的性情而去做事情，你会发现两个人很容易变得融洽起来。

3. 风情小包秀品位的人——崇尚个性的文化中人

比较喜欢具有浓郁的民族风味、地方特色的小提包的人，他们的个性往往比较突出，有着与他人截然不同的衣着打扮和思维方式。喜欢享受形单影只的快乐生活，孤独也会经常冲击他们追求的个性，但是他们乐意顽固地坚持。朋友对他们来讲往往有着比较严格的要求，因此朋友

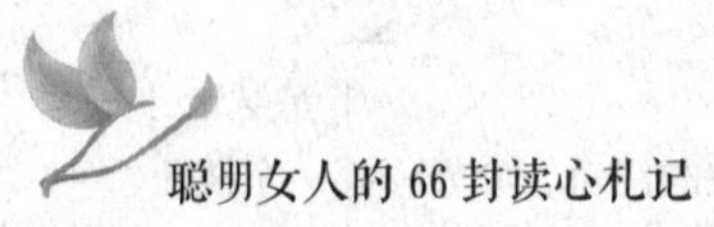

圈较窄，却也乐在其中。

这样的人身上具有独特的民族气息，这种气息吸引了更多异性的眼球，成为街上亮丽的风景。你如果想要和这样的人成为朋友，也未尝不可。但是你最应该做的就是坚持自己的风格，用自己的风格来获得对方的欣赏，这无疑也是加强沟通的方式之一。如果在工作中，要和这样的人合作完成一件事情，那么你有可能会被对方冷落，于是你就要学会去主动地与人交流，这样才能够达到更佳的效果。

4. 经典皮包不离身的人——注重品质崇尚奢华

假如是正规场合，我们会看到无论是男人还是女人，手里的包一定会是一经典皮革制成的经典款式，皮革的质地不但耐磨持久，它的厚重感还可以带给人一种身份地位的象征。假如你看到经典皮包不离身的人，首先就要在自己的头脑里树立这样一个信息：这个人虽然未必真的有钱，但其关注点一定是渴望高品质的奢华的生活。他们希望得到别人的尊重和重视，希望体现出自己与众不同的高贵气质。总而言之，他们的内心注重的是品质，也多少有些小小的虚伪，因此按常规来讲，几个人在一起爱摆架子的往往是背着这种包的人。

对于这种人，聪明的女人最好能够恰到好处地迎合对方渴望尊重的需求，尽可能地去认同他、赞美他，同时对于自身的打扮也要特别地加以注意。既然他渴望的是高端生活，那么对于想成为他朋友的你也绝对不能穿得太次。只要尽可能地完善自己，但装扮程度不要高过于他就好。假如你一定要穿得太过普通，那么等待你的不是他的友谊，而是骨子里显现出来地蔑视了。

15 民族风的服饰，不同风格透露审美观点

一种服饰代表着一种文化，民族风的服饰往往会具有它独特的内涵，这种内涵中充盈着的是民族韵味和文化气息，因此，很多人喜欢用这种服饰来彰显自己的品位，而这种带有民族色彩的服饰也能够表现一个人独有的个性特征，由此可见，懂得读心的女人应该能够参透在华美民族风服饰下的那份优雅和气质。

1. 中西合璧民族风——审美冲撞，彰显和谐美韵

生活中我们常常看见这样的人，他们的服饰非常特别。西方礼服式的裙摆上刺绣着经典的民族图案，洁白笔挺的衬衫上打着一条富有中国特色的花式的领带。尽管整体显现的是中西两种截然不同的文化特点，却表里和谐，大显融合之意。这种人往往对于美有着很高的造诣，天性喜欢在冲撞中寻找和谐。他们喜欢将自己的全部知识思想加以融合，创造出一种自己特有的东西。因此，这种人的自我改造和创造力很强，总是能够在创新中给人眼前一亮的感觉。

假如聪明的女人想和这种人成为朋友，首先要做的就是提出一些富有创意性的亮点建议。即便是一时想不出来，至少也可以从他们身上的装扮中说出他们渴望表达的那些亮点，例如高雅中的王者风范，谦卑但却从未卑微，淡定中的内敛，等等。只要真的能够说到他们的心坎里，聪明女人也就自那一刻摸透了对方的心境，下一步的交流自然会顺利很多了。

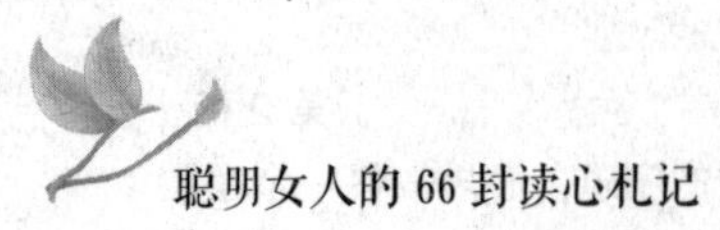

2. 本土传统民族风——原汁原味，苛求返璞归真

有些人不管走到哪里，都穿着他们喜欢的民族服饰。这些服饰似乎没有经过一点现代的修饰，完全是从少数民族当地买来的本土衣衫。它们做工精细且非常符合当地民风特色。原汁原味，苛求着一种返璞归真的美感。这种人崇尚自然，偏好自由，渴望远离世俗，回归最原始、最纯净的生活。在他们的意识中，真正的美来源于它以前的样子，各种现代的修饰和雕琢都是画蛇添足、多此一举的。

聪明的女人若想和这样的人和谐相处，首先就要认同对方自然原始才是美的理念，并对他身上的服饰的民族特色有一定的认识和了解。同时适当地去迎合他的美感需求，与他谈论一些有关于这个民族好玩的趣事，当两个人聊得越来越投机，关系自然也就走得越来越近了。

3. 时尚民族花式点缀——顺应时代，浓缩古典精华

当今社会每一年的每个季节都有着截然不同的时尚感，大大小小的时尚风格服装可以说是花样百出。但有这么一种人，不管时尚潮流怎样流转，人们身上的流行美感怎样变换，他们都会想办法在这些衣服上加一些精美的民族图案。例如今年流行长款百褶裙，那么这些人往往会在长款百褶裙上加上一朵具有民族特色的梅花或牡丹花。今年流行短款T恤衫，他们就会在这个T恤衫上加一些具有民族特色的唯美图案。假如今年流行长款白衬衫，他们就会精心地在自己衬衫的两边绣上两竖道用咖啡或褐色线缝出的民族花式。这种人做起事情会很注重曾经的人的经验，但却不是十足的老古板，在他们的意识中，一半创新一半守旧才是最佳的发展之道。

聪明的女人与其交往的时候，会尽可能地使自己彰显出别具一格的时代特色。她们会在对方面前大胆地提出一些新颖的创新思路，但同时也会在交流中尽可能地为自己的创新思路加上一些古典韵味的经典案例，以此来证明自己的想法并不是没有早先的经验可循，也并不是心血来潮说出来的无稽之谈。这样一来，对方一定会觉得这个女人是个很有想法、别具一格、自成一体的人才，因此一定要多与她交流，并从中凝练更多的创新亮点。

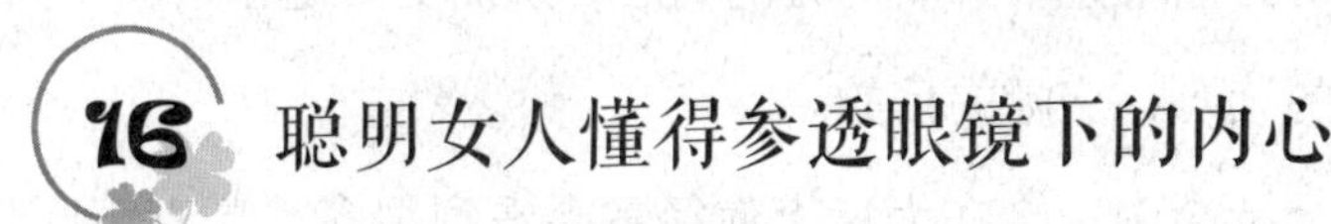

16 聪明女人懂得参透眼镜下的内心

眼镜对现代的人来说，不仅是品位的象征，也能恰到好处地烘托与强化气质。当然，戴着不同款式的眼镜，往往能够反映出不同人的心理特点。在当今社会中，眼镜和钱包一样，往往成为人们日常不可或缺的物品，同样，一款适合的眼镜往往也能够反映出独特的气质。而聪明的女人，就应该学会揭开眼镜下深藏的内心世界，让对方的内心变得更加地清晰。

眼镜的作用是什么？现在，它不仅仅是为了遮挡阳光保护眼睛，同时也是一种装饰品，遮挡住自己的表情，不让其他人轻易地看出自己内心的情感，或者说这个时候的眼镜往往充当“盖子”的作用，就是为了掩盖一个人内心的情感，避免自己的情绪通过心灵之窗泄露给他人，保持自己内心中的一份宁静和踏实，让自己显得神秘难测。

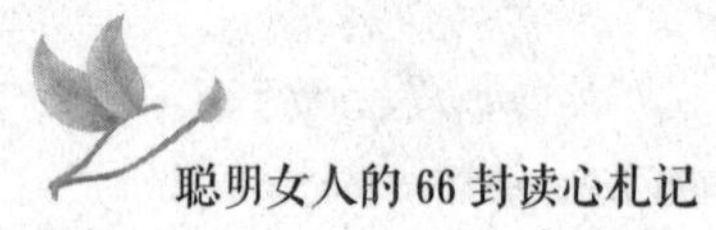

聪明的女人会发现，很多人戴眼镜的实用价值并不是多大，因为在很多时候，离开眼镜往往会让自己的视线变得更加明亮，而戴着眼镜往往也是一种自我保护的表现。睿智的女人当然会探索在对方眼镜下隐藏的是真实的内心世界和情绪的变化。在生活中，我们经常会在网络上或者是花边杂志上，看到一些明星会选择戴着眼镜来伪装自己，避免被狗仔队发现。其实这个时候眼镜所起到的作用就是为了伪装自我，让对方看不清楚自己的眼睛，从而不能够很好地辨认自己，起到了保护自我的作用，而这个时候眼镜下的内心世界，是在寻求一种平静。当然很多人伪装自己往往是为了掩盖自己内心的寂寞与心虚。所以说聪明的女人往往会通过对方的眼镜来揣摩对方的内心，从而更好地了解一个人的生活，达到真正的读心、交际的目的。

在当今社会中，走在大街上你经常会看到很多人戴着不同款式、不同名称、不同材质的眼镜，聪明的女人会通过这些花样繁多的款式，瞬间看透对方内心，从而寻找到最佳的沟通途径，实现自己的读心目的。下面就让我们借助她们智慧的经验，看看这些花样繁多的眼镜中究竟蕴涵着主人什么样的人生观念和生活想法。

1. 金属眼镜——文化与知识的代言者

佩戴金属眼镜的人总是能给人一种学识渊博的感觉，事实上那正是他们自己最希望成为的样子。在很多人看来，有知识的人才是真正受人尊重的人。抬眼一看，一股骨子里散发出来的文化气质总是能够让他们的内心产生一种强大的自我成就感。这种人常常喜欢在人前卖弄一下自己的知识，即便有些人知识储备并不是很丰富，但这仍然也阻挡不了他们渴望成为知识分子的渴望。

假如看到这种人，聪明女人最先想到的就是称赞对方身上的文化气质，在倾听中试探其知识含量的深浅，并以此作为自己下一步沟通的第一手参照资料。她们会顺着对方的兴趣点进行沟通，绝对不谈论高于对方知识范围的事情，尽可能地给对方一个台阶下。总而言之，会读心的女人在参透其内心之后总是可以将话题把握刘游刃有余，使对方与自己交流感到非常舒服。既满足了其做个文化人的韵味，又在出其不意的询问下获得了自己想知道的一切信息，这或许就是一个会读心的聪明女人所特有的交流智慧吧。

2. 板材眼镜——内敛低调的生活个性

生活中我们会看到不少人选择佩戴板材眼镜，这种眼镜往往能够体现出一种低调内敛的个性美。佩戴这种眼镜的人，往往都从事着一些并不张扬的文化或技术工作。他们常常行事低调，不愿意过多地卖弄自身得到和具备的东西，而且行事腼腆，注重实际。他们常常秉持着一种“言多必失，要说就一语击中要害”的理念。对待工作，他们常常注重于业绩和事实，不太愿意过多地牵涉企业上下的各种规则或者人情来往，因此也就常常会失去很多不错的升职机会。这类人一般都比较本分，认为只要做好每一件事，对得起自己的良心就可以了，因此他们常常对待每一件事情都非常专注，常常在内心秉持着自己的那份执着。

聪明的女人与这种人交往时，往往会直奔主题，直接谈论一些与其专业靠谱的事情，提出一些自己不解的疑问，尽量避免一些敏感及对方不愿提及的事情。这样一来，经过一段时间的交往，彼此之间的防备与

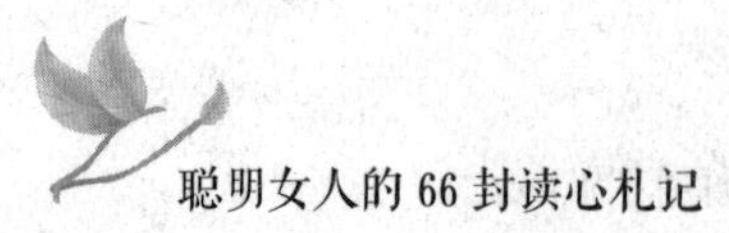

隔阂就会慢慢被打开，两个人的话也就会变得越来越多，自然也就慢慢成了莫逆之交。

3. 炫彩眼镜——张扬下的非凡自我

与前两种眼镜类型的人相比，佩戴炫彩眼镜的人常常个性张扬，我行我素，内心执着于自己的想法，对别人的建议常秉持着一种逆反心理。这种人的身上常常有一些具有个人代表特色的个性，他们从事的行业大多也是一些张扬个性的行业，例如服装造型、美编设计、传媒广告、明星时尚等。他们注重于自身的直觉，无视别人的反对，总是认为自己才是最正确的。

因此对待这种人，聪明的女人是不会轻易对他们提出反面意见的，更不会强制他们接受自己的想法。如果一定要说，那就尽可能地引导，让他们自己作出决定。在工作中，对待这种人的挑剔，聪明的女人会不断地高对方请示，一次次地和他们探讨进行反复地修改，最终定格完成这份工作。之所以这样做，并不是因为她们自己的办事能力很差，而是有意地要让对方参与到这件事情当中去，并在他们的潜意识中暗示其对这件事情他们自己也付出了相当多的艰辛和努力，所以绝对不能轻易地PASS掉。尽管其间很可能要经历他们无数次尖锐的批判，但往往最终的结果还是会让这些人百分之百地满意。

总而言之，尽管眼镜的颜色、款式千奇百怪，但是不同的眼镜类型，往往能够扮演不同的识人角色。聪明的女人往往会利用对方所佩戴的眼镜来读懂对方眼镜下的心灵奥妙。同时，睿智的女人当然也懂得一些揭开对方心灵尘布的技巧，并且和对方成为朋友，最终读懂他人心灵的密码。

第3章

话里暗藏玄机

——有些话是让你用耳朵听的，有些话是让你用心听的

言语所展露的情感不一定都真实可信，谎言往往会穿上美丽的外衣，包裹真实的含义。智慧的读心女人，能够从对方的言语中把握住重点。有的话听听就好，听了忘了也不为过。有的话要用心去聆听，记住言语外在的装饰，参透他人内心的玄机。聪明的女人懂得哪些话是肺腑之言，而哪些话是虚情假意，明白赞美的本质，能够看透沉默的反抗。她们从来不会错过对方言语中的不经意，总能通过只言片语看清对方内心深处的那份真实。

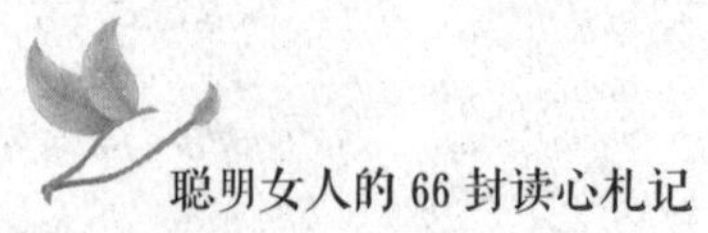

17 别把别人说的“不”都当不

自古人们就知道锣鼓听音是什么意思，正所谓看人看到骨子里，听话听到心坎里。很多人之所以喜欢说“不”，往往心中对这件事情是渴望的。正如一对恋人在谈恋爱时，女方经常会甩给男方一句“烦人”、“讨厌”，那样，谁都不会觉得那是她的真实想法。所以有些话要学会正话反听，原因就在于很多人表达自己的想法是倒着来的，有些话想说又说不出口，说出口了又不能说那么明白。或许人就是这么一种复杂的动物，聪明女人要想听懂他们的心思，主要靠的还是自己读心的技术了。

不同的人在不同的场合中，会让你感受到“不”的另外一层意思，因此，这个时候，你就应该学会让自己变得聪明一些，不要将别人说的“不”都当成是不。

1. 场合不同，意义不同

一次小娜去一家公司办事，与客户聊着聊着就到了饭点，于是小娜提出自己请客户吃个饭，对方也欣然同意。这时候她扫了一下客户身边的秘书小张，由于时间聊得太长，饭点也过了，小张一直陪在老总身边，自己也没敢动窝，想必一定是很饿。于是小娜友好地邀请小张一起吃，结果小张笑着说：“没事，我没有关系，您跟老总谈，我自己外面买点吃就成了。”一听这话，聪明的小娜马上明白小张并不是不想去，而是碍于面子，觉得自己级别最低，不好意思跟着去，于是自己主动拉着小张的胳膊就往外走。看见两个女孩儿这么友好，作为小张客户的老总也笑了起来：“小张啊，小娜对你这么好，就一起跟着去吧。”听见老总发话，小张总算踏实下来，和小娜一起有说有笑地去吃饭了。之后小娜和小张常常进行工作业务上的沟通，私下里也是非常好的朋友，彼此合作交往也越来越顺畅了。

所谓的场合，往往会涉及不同的人。比如说在交际场合，很多时候你会遇到不同的人，要知道这个时候对方所说的不，其实往往并不是真实的内心表达，所以说聪明的女人应该学会正确地去理解。小娜正是明白了小张真实的想法，因此主动做出了正确的行动，不但保持了之后自己业务上的畅通，还结交了一个非常不错的朋友。

2. 人物身份地位的不同

张芯瑜是一家公司的总经理助理，她经常会陪着总经理出去应酬客户，因此，她对总经理讲出来的话都是很了解的。一次，在和客户吃完饭之后，总经理示意张芯瑜去看看账单，这时客户主动要去付账，还说：“上次就让李总破费了，这次可不能再让您破费了。”但总经理却按住对方说：“不着急，咱们先喝会儿茶聊聊再结款不迟。”听了这话，张芯瑜明白了老板的心思，虽然客户这么说，但是按照总经理的意思，肯定是不会让客户付账的，于是，她就很快地去结了款。事后，当然得到了总经理的夸奖，认为她果真是自己的得力助手。

在很多时候，人物的身份往往会决定他说话的分量。因此，尤其是在工作中，如果你不顾及自己说话的分量，往往会给自己的公司或者是自己的上级领导带来一定的损失和麻烦。所以说不同身份的人，往往也会注定他们说出“心口不一”的话，这个时候如果你是一个下属，那么你就应该学会能够真正听懂对方的含义，不然，你就会做出不合上级“口味”的事情。

3. 两个人的关系的不同

有一次，小李陪自己的女朋友去逛街。两个人已经相处了两年了，所以说小李也算很了解自己的女朋友，他明白自己的女朋友的内心所想。突然，女朋友停下了脚步，看到一条很长的裙子，当时已经是夏天，但是女朋友还穿着长裤子，女朋友拿着那条裙子，翻看了半天，最终放下了，决定要走。小李问女朋友买不买，她笑着说：“不，太贵了，还有得穿。”

小李当然知道女朋友想要这条裙子，之后他没说什么，直接问工作人员这条裙子多少钱，试衣间在哪儿，随后把女朋友拉到了试衣间。女朋友试穿后觉得很满意，小李自己也对其大加赞赏。看见女朋友难以定夺的眼神，小李笑着让她去换衣服，自己便插空去款台买了单。那天女朋友拿着这条裙子非常开心，事后还常常跟别人炫耀提起这件事，觉得自己真的找了个好男人。

在我们的生活中，往往会看到很多的情侣，尤其是在恋爱中的女孩儿，她们总是喜欢说“不”，要知道很多时候对方说的“不”，其实就是肯定的意思。如果这个时候，你还是傻乎乎地认为，对方是在表示否定，那么你肯定会招来对方的埋怨，当然这是最常见的一种情况。在生活中，两个人的关系变得特殊，或者是两个人之间变得十分熟悉的时候，往往会有这样的情况发生，因为彼此之间过于熟悉，所以说这样的话，两个人才会经常说“不”。

在我们的生活中，会有一些人害怕自己的内心被别人看穿，于是，他们选择用反面的语言来掩盖自己的内心世界，就是为了不让你那么轻易地看透自己的内心，所以说这个时候，对方也会说“不”。但是聪明的女人如果能够看透对方的真实内心，那么就能够明白不是所有的“不”都是不。一些人，因为害怕自己的内心所想被别人看穿，于是才选择用相反意义的词汇来表达自己的想法，其实这就是我们经常会说的“口是心非”。要知道对方可能很想让你去做一件事情，但是由于自己不想表达得过于直白，于是会选择用反面的话去刺激你，或者是让你自己主动地去完成，所以说不是所有的“不”就是不，也不是所有的内心都是像他们语言中所说的那样。

自尊心往往会让很多人变得“口是心非”，很多人因为自己的自尊心很强，而不得不说出一些“不”，而这个时候，如果你能够真正地明白对方是一个什么样的人，那么你自然会知道对方的内心世界，也就会明白对方的真实想法。所以说不要让对方的自尊心蒙蔽了你的双眼，要学会透过对方的语言来看清对方的真实内心世界。当然，聪明的女人往往会看透对方的“口是心非”。

18 有些话可以信，有些话真的别去信

说话其实就是一种沟通的方式，但它并不意味着句句都能代表一个人的真实内心。正所谓话也有真有假，假话往往比真话更有诱惑力。因此对于别人的言辞，聪明的女人往往会听，但未必全信。毕竟动听的话可以愉悦身心，听听总是好的，但倘若真的要把它们当做自己的精神食粮，恐怕就只有痛不欲生的分儿了。

聪明的女人是不会让自己成为被假话蒙骗的傻瓜的。现实生活中之所以有人会受伤，往往是因为他们听信了别人虚假的承诺。正所谓人在江湖身不由己，很多人说得好听，但做却未必真的去那么做，如果你这时候总是沉浸在一个童话般的梦境里，却没有听出对方言辞中的骗局，那么吃亏上当的人不是你又是谁呢？从古至今最能表达自己想法的是语言，但最能哄骗人心的也是语言。有些话女人可以信，有些话真的不能太当真。会读心的女人往往能够通过对方说话中的小细节，以及对方的身份、表情等诸多因素对其说出来的承诺进行精准的判断，人们常说“有备无患是智慧”，只要自己认准不是真话，就必定不会因为期待过高而将自己推搡到失落的边缘。

1. 男人的哪些话不可信

女人们常常调侃自己在恋爱中智商为零，当一个女人陷入一段感情的时候，常常会沉迷在浪漫当中，少有人能够秉持住原有的智慧和理智。

她们常常经不住男人的几句甜言蜜语，只要男人说的话，不管是真是假，句句都是真理，甚至有些人觉得除了这个男人其他的人都是不可信的。可事实上，世上的男人未必都是可信的。因此，作为一个聪明的女人，即便是深处恋爱中，也能够分得清谎言和现实的距离，知道自己真正想要的生活是什么样子。

在生活中，很多男人都会用一种画大饼的方式给女人一个无法实现的希望，他们会对她说："将来等我们有钱了，我一定会让你成为天底下最幸福的女人。""如果你不买这件衣服，我就帮你买下来。""你放心，见她就是因为工作需要，我是对她没有动一点真感情的。""过几天我就带你去见我的父母。"这些话虽然句句都透露着真诚，有时却根本不可能成为现实。每当聪明的女人听到这些的时候，往往都会嫣然一笑，比起这些虚无缥缈的承诺，她们往往更喜欢真实的表达。倘若有人说："我现在虽然条件不好，但是我真的愿意照顾你，不会离开你，你愿不愿意受用这种幸福？""我现在兜里没钱，却就想看你穿这么一件衣服。""我承认我当时把持不住，下次带着你一起去见她。""我现在还不确定我父母那边的意见，容我先问问他们吧。"这类的话她们反倒会表示赞同和认可。因为在她们的心里，谎言是当不了饭吃的，尽管真话并不唯美，但至少可以让她们知道，未来的自己就是要过这样的生活。

2. 领导的哪些话不可信

职场中，即便你与领导私下的关系再好，在工作中他也是你的上级，也是你的领导，因此，不要傻傻地认为你们的交情已经很深，他跟你说的话就一定可以成为现实。即便在生活中他常常表现得与你不分彼

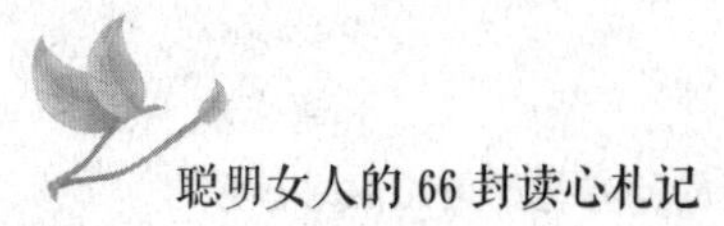

此，说着诸如“咱俩谁跟谁”、“你是我最好的拍档”、“也只有你了解我的心思”此类的话，但你也要明白你的地位永远是下属。因此，对于上司，聪明的女人往往会尽可能地与其保持一定的距离，即便是关系很好，也会对自己有所保留，虽然工作尽职尽责，尽可能地为上司的利益着想，但也绝对不会做那个替他背黑锅的人，更不会为了维护他的利益，而将自己的利益拱手相让。毕竟在职场之上，每个人都要为生计而奔走，不要觉得对方会领你的情，毕竟下属总是有人愿意当的，地球没有谁都照样转，千万别高估了自己。这个世界上没有谁离开谁就要垮掉，职场上遇见一个好上司是缘分，但这并不意味着有了这个缘分自己就能永远地无可替代。

3. 同事的哪些话不可信

同事之间的关系其实在很多时候是很微妙的，即便你和你的同事相处得再好，那么也有很多话是不能够相信的。

同事和朋友不同，很多时候你和你的同事在一起就是为了工作，交谈的往往是工作，而两个人真正能够融入彼此生活中和家庭中的很少，所以说当你的同事说“有空来我家玩儿”的时候，你千万别当真，千万不要在这种交际邀请之下，兴致勃勃地拿着东西跑到对方家里玩儿，这样会让你们的关系变得更加地尴尬。同样地，当你的同事很客气地说“有空请你吃我亲手做的糖醋鱼”的时候，不妨只当是对方的一句简单的口头禅，没有必要太当真，因为这些都是真正涉及对方生活的事情。

主动透露重要的信息，这种现象往往是骗局

在波云诡谲的商战博弈中，酒桌俨然成为没有硝烟的情报战场。当琥珀色的液体在杯中摇曳，看似松弛的觥筹交错间，实则暗藏着精妙的攻心策略。真正的商人深谙“酒后吐真言”实为伪命题——那些被利益浸润的商业机密，犹如深埋地底的乌木，纵是烈酒入喉也难以撬动分毫。唯有经过精密计算的“醉态”，才可能成为撬开防线的支点。

曾有位混迹资本圈的操盘手坦言，最危险的对手恰是那些“醉得恰到好处”的谈判者。这类人往往深谙人性弱点，如同经验丰富的调酒师，精准把控着清醒与迷醉的临界点。他们会在宴饮初期展现出超乎寻常的健谈，将茅台、五粮液化作攻心利器，以频频举杯的姿态编织看似真诚的交往假象。当猎物逐渐卸下心防时，便猝然切换成“酒后失言”模式，将早已打磨圆润的“机密”如珍珠般倾泻而出。

这类行骗高手的表演极具迷惑性：酡红的面色下藏着清醒的算计，踉跄的步履中埋着精准的谋划。他们善于运用“醉话三分真”的心理暗示，将七分虚构的情报包装成可信的商讯。某次并购谈判中，某基金经理佯装醉意透露的“内部消息”，实则暗含误导性数据，直接导致对手决策失误。这种以退为进、以假乱真的战术，恰似棋盘上的“弃子布局”，牺牲表面可信度换取战略主动权。

应对此类高手，尤需修炼“火眼金睛”的识人术。要观察其饮酒节奏是否自然，醉态是否呈现阶段性表演特征。真正醉酒者眼神涣散如蒙

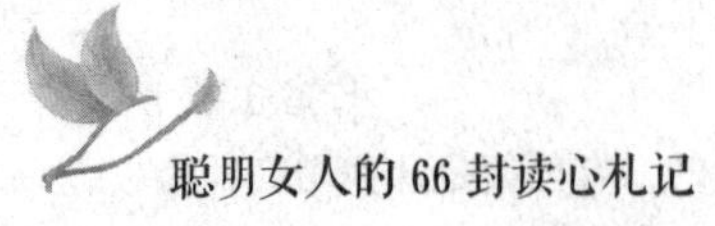

薄雾，而伪装者眼底常闪烁着清醒的锋芒。聪明女性更应建立“信息防火墙”，对酒桌承诺保持审慎距离，如同对待精美包装的潘多拉魔盒——须知那些主动吐露的“机密”，往往裹着糖衣的毒药。

酒桌如战场，真醉假醉皆是策略。在这个没有硝烟的博弈场，保持三分醉意般地清醒，方能在觥筹交错中守住商业底线，让精心设计的“醉话陷阱”不攻自破。

20 言语逻辑性强，必然是故意装醉

要知道一个真正喝醉的人，往往大脑不受控制，说出的话往往是语无伦次，根本谈不上用心地去思考，他们所讲之话多半是凭感觉直言。而一个故意装醉之人，往往说话具有逻辑性，虽然口齿变得不够灵活，但是语言整体上拥有一定的思维模式，这样的人，在说话之间必然经过大脑思考，因此，此类话语不能轻信。

装醉的原因不一定是为了设定骗局，可能是避免被他人灌酒。这些人的言语多半没有多大实用价值，也不会涉及商业机密。同样，此类人做事情总是有长远的打算，思考问题比较全面，用这种装醉的方式来敷衍别人，既不会伤害别人的感情，也不会让自己喝得烂醉如泥，这是一举两得之法。聪明的女人要通过对方逻辑性很强的语言，看穿对方酒后的谎言，避免因为酒后言语让自己陷入泥潭。避免与此类人深交，尤其是涉及机密性信息的言语，不要与此人多加讨论，这样必然会让你利益受损。

喝酒的目的很多，商场上为了款待客户、达成合作，生活中为了沟通感情、结交朋友。因此，不同的目的性往往成为人们酒醉后撒谎的根源。酒后言语未必是内心的真挚感情的流露，虚假的感情往往让有的喝了酒的人释放得更加肆无忌惮。每个人都会为了自己的利益和目的而装醉，因此，没有必要酒后吐真言。所以说不要将“酒后吐真言”当做一条不变的真理。

懂得读心的聪明女人通过分析一个人的酒后言语，会判定对方是不是真醉。社会中心怀叵测之人往往与善良之人一样多，因此，聪明的女人就应该主动地学会读心。几杯酒下肚，醉意正浓的言语未必是良言和真言，骗局往往也是由此开始的。因此，聪明的女人应该多多留心，避免自己成为骗局中的受害者。

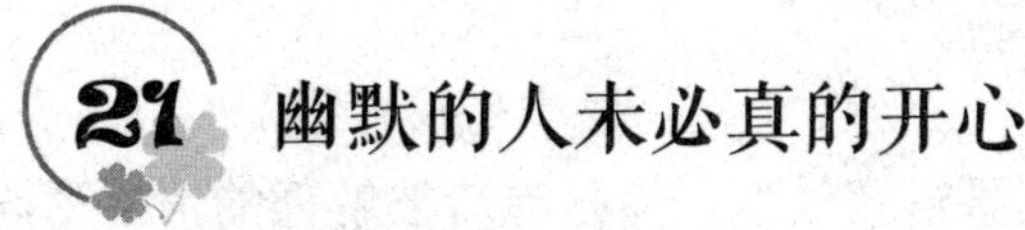

21 幽默的人未必真的开心

在人群里总有些自带光芒的“喜剧灵魂”，他们如同行走的欢笑制造机，三言两语便能点燃全场气氛。这种与生俱来的幽默感常让人产生错觉——他们定是被命运偏爱的幸运儿，生活里必定铺满阳光。可生活的真相往往比舞台灯光更复杂，那些诙谐自嘲的段子，那些夸张搞怪的肢

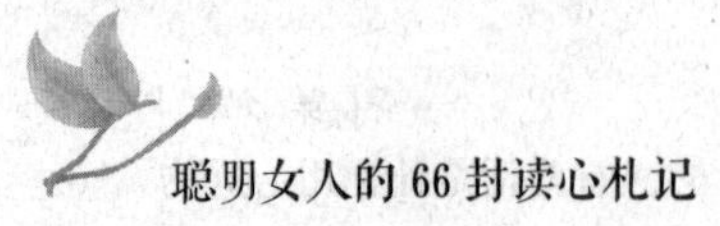

体语言，有时恰似精心编织的防护网，将内心真实的裂痕悄悄遮掩。

心理学研究表明，过度使用幽默进行自我保护的人，往往经历过更深刻的情感创伤。他们或许在原生家庭里扮演过“家庭小丑”，用滑稽表演换取父母片刻关注；可能在竞争激烈职场中，用插科打诨化解被孤立的焦虑。有位脱口秀演员曾坦言，每个爆笑的梗里都藏着失眠的夜，舞台灯光越亮，散场后的孤独越浓。这种“阳光抑郁症”患者，就像双面人偶，将苦涩的泪水化作滋润他人的甘露。

这类人的幽默常带有独特的防御性色彩：当他们绘声绘色讲述糗事时，眼神会突然放空一瞬；在引发哄笑后，手指会无意识地摩挲衣角。这些微表情恰似密码，暗示着笑声背后的情感暗礁。他们像高超的魔术师，用语言魔术转移注意力，却将真实的自己藏在魔术斗篷之下。

聪明女性与这类人相处时，需要展现出“解谜人”的智慧。不必刻意避开敏感话题，反而可以在笑闹间隙，用“你刚才那个比喻让我想起，是不是也经历过类似的事？”作为钥匙。真正的共情不是怜悯，而是创造安全港湾，让对方感受到“你不必永远坚强”。如同化解冰封的暖流，当幽默的盔甲出现裂缝时，及时递上的温热掌心，往往能开启意想不到的心灵对话。

幽默从来不是铜墙铁壁，而是等待被解读的情感密码。那些用笑声筑起城堡的人，最渴望的或许不是掌声，而是一个能听懂弦外之音的倾听者，一颗能温暖潜藏寒冬的赤子之心。

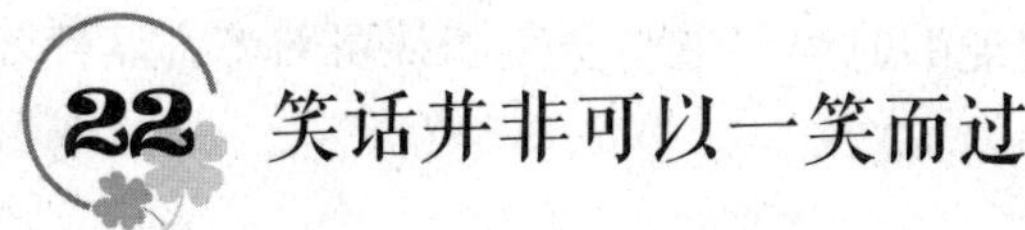

22 笑话并非可以一笑而过

在现实社会中，不是所有的人讲笑话就是为了让你开心，更不是所有的人讲笑话都是在“自娱自乐”。在当今社会中，竞争如此激烈，压力人人都有。而发泄的方式很多，其中听笑话往往是一种很好的途径，因此，有的人抓住了这一点，从而选择了给人们讲笑话，这样就能够达到取得信任的目的，同时，也能够获得更好的人际关系。所以说，笑话并非用来一笑而过，有时也是为了达到交际或者是商业的目的。

在生活中，这样的人往往注重交往的目的性，与人交往往往会有一定的目的和标准。在生活中，他们往往比较理性，比较聪敏机智，性格上也比较开朗，做事情有自己的主见和目标。

真正快乐的人往往会用简单的微笑来表达自己的幸福，不需要做作的语言或者是故意逗乐的语句。当一个人在说着一些幽默的小故事或者是讲述着一些笑话的时候，他的思维也会跟随着笑话的设置而在变动。这种人的笑话背后往往有一定的目的性，而这种目的可能不会是为了伤害别人，也可能只是为了掩盖内心。

聪明的女人要想和这样的人交往，需要很好地了解对方的心理特征，首先要懂得假装，即便知道对方内心的目的，只要是没有危害性的，可以假装没有看穿，更不要极力地去拆穿。其次，与这样的人交往需要有睿智的头脑，让自己变得更加聪明，尤其是反应一定要快，这样才能够跟上对方的节奏。最后，保持自己开朗的性格，这样很有利于你与这样

的人沟通，在沟通的时候要懂得赞美和认可对方，这样才能够让对方感受到你的真诚。

23 面露喜色的沉默——享受着别人夸赞自己的过程

在人际江湖中，最高明的自我推销往往裹着“他人口吻”的糖衣。公司年终聚餐的包厢里，张经理总能在推杯换盏间成为话题中心——并非因他侃侃而谈，而是邻座的李主管总在适时抛出“您上次处理的客户投诉实在高明”之类的褒奖。此时张经理必会垂眸微笑，指尖轻叩茶杯，看似谦卑的沉默实则如无声的鼓点，将每句赞美都化作自我加冕的礼乐。

这种“借他人之口塑金身”的策略，暗合着东方语境里“自夸则贬”的处世哲学。沉默者深谙此道：当王姐赞叹其育儿经时，他们不会得意忘形地传授秘籍，而是用“都是误打误撞”的轻描淡写，将赞誉引入更宽泛的讨论；当同事夸其穿搭品味，他们只会抬起袖口展示旧手表，将话题引向“实用主义”的价值观。这种以退为进的应答艺术，既避免了自矜之嫌，又让赞美如水墨般在众人心中晕染开来。

心理学视角揭示，这类人往往具有“镜像型人格”特质。他们通过他人评价构建自我认知，如同演员需要观众掌声确认存在感。但不同于虚荣者的空洞，他们懂得将赞美转化为社交货币：当李主管第三次提起“张经理的危机公关能力”时，其他部门主管已开始主动交换联系方式。

这种“无声胜有声”的营销策略，恰似太极中的借力打力。

聪明女性面对此类场景，宜展现“共情式赞美”的智慧。当张经理再次收获褒奖时，不妨接一句：“确实难得，既要顾全大局又要平衡细节，换成我可能早焦头烂额了。”既避免谄媚之嫌，又暗含对其能力的真诚认可。须知这种社交游戏的核心不在拆穿，而在参与——适度的捧场如同茶席上的回甘，能让交际氛围始终温热如初。

说到底，这种“沉默的骄傲”不过是人性使然的社交舞蹈。当我们看透其背后对认可的渴望，便能以更包容的心态参与这场优雅的互文：不必揭穿那些精心设计的话术陷阱，只需在恰当的节拍击掌相和，毕竟成年人的世界里，恰到好处的体面比真相更重要。

24 该出手时反沉默——坏心眼正好这时候使到家

工作中常常会有这么一种人，平时特别爱挑拨是非，而且故意给别人使坏，为了达到自己的目的，常常会动用一些非常手段，其间有一招就是沉默。人在职场，时不时地对领导有意见是很正常的事，员工中谁发两句牢骚，这种人总是会潜移默化地在第一时间不动声色地将信息告知对方。此外，这种人还特别会用小伎俩，例如当大家都不满的时候，他也会在一边煽风点火，谁要是年轻，火气大又对自己有点威胁，他就会将其设为重点“对象”。起初他很有可能会跟对方称兄道弟，一起吃

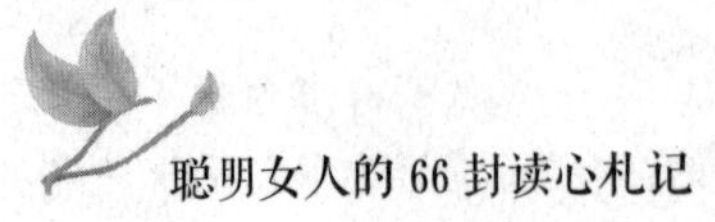

饭下班，表面很正常，其实无非就是想再给对方心里加上一把柴。等到对方对老板的矛盾激化到一定程度，误会也越来越多，他就会提出诸如明天一起去理论的要求，但到了明天倘若对方真的当了冲锋枪，他就自己静静地坐在那里喝着茶沉默了，丝毫没有体现出半点昨天的仗义。这时候对方才忽然知道自己上当了，但一切已经为时晚矣。

这种人的沉默是非常害人的，作为一个聪明女人，倘若自己身边有这种人一定要特别小心。首先她们会通过对方与别人交往时候的细节，来判断这个人的意图和人品，倘若自己内心已经对其小人身份有了相当明确的鉴定，自己也就有了对付他的有效方法。首先聪明的女人不会过分透露自己的想法，事情越是重要就越不会跟这种人过多地交流，对待对方的挑拨，她们往往会采取以良性沉默预防恶性沉默的方式处理问题。不管对方说什么，自己永远是微微一笑，也不得罪你，也不评论你，甚至连迎合也不迎合，将问题打岔到另外一些事情上。她们每次和对方交谈，说的都是一些诸如“天气不错”“一会儿想吃什么”的话，有用的半句没有，这样的不作为往往是这种害群之马最郁闷的事情，因为没有缝隙可以钻，他们也就慢慢地失去了攻击的兴趣。

25 别人说话多沉默——看不透自然就不好对付

金庸在武侠小说里有一种武学精神叫做“无招胜有招”，尽管这个世

界充满策略，也满是陷阱，但只要出手就必然能让人看出破绽。因此我们会看到生活中有一些人不管在什么场合都言辞很少，从来不过多发表自己的想法。正所谓“茶壶煮饺子，倒不出来心里有数”。我什么也不告诉你，你就不知道我要干吗。这种人按常理来说是最不好对付的，因为他脸上没有太多表情，而且还不告诉别人自己在想什么，对方自然会手足无措，觉得这个人鬼点子太多，且不好沟通。当然我们不得不承认其间有些人是因为性格上偏重于自我防备，由于自己总是害怕别人算计，自己又觉得没有太多的抵御能力，所以才会采取这样的保护策略。“反正你也不知道我要干什么，也不知道我从哪里来，要到哪里去，因此也就不会轻举妄动，等我唱完了这场空城计，说不定就转危为安了。”

不管是出于什么原因，总而言之，这种人都会给人一种不安感。因此对待这种人，聪明的女人会尽可能地与之保持一段距离，适时地表现自己的友好态度，但绝对不会与他进行多少深度的沟通，既然对方不是那么容易看透，那我们也没有必要让他看透自己。言谈之中可以时不时地提一些自己身边厉害的角色，一次来暗示自己的厉害，让其尽可能地做到心中有数：“即便是你真的有什么鬼点子，我的身边也一定会有人治得了你的。”一般来说，这种人外表不动声色，但实质上内心却多有些胆怯，只要看到这种架势，一般也会在脑子里绕几个弯儿的。

沉默的脸庞，不同的心思。这种无言的面孔下隐藏怎样的故事，需要读心女人有一个精明的头脑和一双睿智的双眼。这个世界没有什么是看不透的，只要仔细观察一切就能从疑惑中浮出水面，当真相大白的时候，这些参透人心的精灵往往都会嫣然一笑，因为她们再次印证了自己，也印证了这个世界。

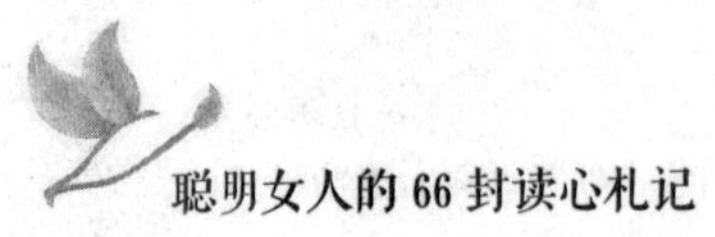

26 炫耀得越多，缺少得越多

每个人的内心必然有着想让别人羡慕的因子，但是不正确的表达往往会让一个人变得虚伪。当一个人向别人大张旗鼓地去炫耀的时候，往往内心都是很心虚的。之所以要炫耀，无非是因为缺失的东西太多，说出自己拥有的，来让自己内心找一个平衡。此外，还有一些人其实并没有得到他所炫耀的一切，但他还是要那么说，主要原因还是给自己一个假想的机会，让自己暂时放下内心的遗憾，去感受一下拥有的感觉。其实每个人的心中都有那么一种自我炫耀的欲望，不同的炫耀点道出的是他们内心的苦衷。聪明女人常常能够用最犀利的目光，读出对方现实生活中经历的一切，透过他们虚假的炫耀，看清他们内心究竟缺失了什么。下面就让我们打开聪明女人的读心札记，看看藏在别人炫耀表象下的那些小心思吧。

1. 夸张地炫耀自己的金钱和地位

人都是爱面子的，很多人希望自己成为被他人注意的对象，不管在什么地方都希望自己是别人羡慕的对象。于是他们开始让自己的言语变得夸张，夸大自己的物质生活，甚至不惜撒谎，让对方感觉到自己的能力。要知道这样虚荣的人往往没有多大的成就，因为炫耀完之后他们又开始了原本没有激情的人生，他们只懂得说，不懂得如何去实现自己想要得到的生活。炫耀自己的金钱，往往是生活中对自己的收入不够满意；

而炫耀自己的地位，在生活中可能没有什么地位可言。

懂得读心的女人会将对方所说的话当做耳旁风，一只耳朵听完之后便一笑而过。与这样的人交往，没有必要当面拆穿对方虚荣的面具，他们炫耀自己就是为了让你感觉到他的成功。

2. 不亦乐乎地炫耀朋友的成功

生活中不乏这样的人，他们总是将自己成功的朋友当做自己生活的资本，说出的话总是在夸赞自己的朋友多么成功。其实这样的人再可怜不过，因为他们自己根本没有值得炫耀的地方，只能够拿自己的朋友来做炫耀的资本。

“我的哥们儿（姐们儿）多么多么有钱……”、“我的哥们儿（姐们儿）多么多么……”这样的话或许经常会冲击我们的耳膜，聪明的女人不会因为对方所说的这些话而和这样的人深交，一个真正成功的人，必然是对自己的事业有着很好的评价的人，而不是想要借助朋友成功的光环来照射到自己的人。

总是在喋喋不休地炫耀自己朋友们的成就的人和那些总是虚构自己成功的人，是社会中可怜的群体。聪敏的女人不会轻信一个炫耀自我的人。炫耀本身就是一种自我缺点的暴露，更是虚荣心作祟的直观表现。如果人们习惯了炫耀自己的成绩，那么最终将会是一无所获。懂得读心的女人，会通过对方的炫耀之辞，看穿对方的虚伪内心。

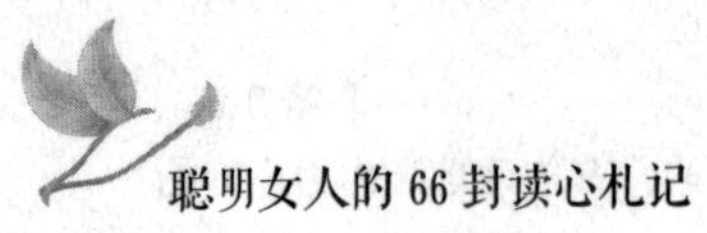

27 随声应和的话，不要太当真

很多时候人们所说的话并非真心的，往往是为了达到某种特定的气氛，所以才会说出一些违心之言。我们在生活中需要别人的认同，因此很多人抓住了这一点，会让自己的话语变得直接但没有丝毫的诚意。聪明的女人不要以为他们说出的话都是出自真心实意，每个人的生活截然不同，人都会因为一些“面子问题”说一些违心的话，睿智的人自然不会将对方的话全部当真。

生活中人们常常会因为很多事情而选择说一些违心的话语。人生本身就会面对很多无奈，因此我们千万不要单纯地以为他人随声附和的话有什么不妥，更不要对谁的随声应和抱以太大的希望。人与人打交道最重要的是听出对方话里的真实含义，是客气的搪塞，还是真的想要跟你有进一步的交流沟通。假如一味地听风就是雨，不但会让自己深陷绝望境地，还会让身边的人觉得很疲惫。

1. 随声附和只是为了敷衍你

你肯定经历过这种情况，当一个人在极力地描述着自己的观点或者是一件事情的时候，又有人不断地点头或者表示赞同，从这样的人的目光中看到的往往是迷茫，他们并没有认真地聆听对方在讲些什么，但是为了敷衍对方，便表示赞同。如果你将他们习惯性地点头当做对你观点的满意或者是称赞，那么你就大错特错了。

只是用赞同的习惯性动作或者是言语来敷衍你的人，做事情会掌握好分寸，不会因为自己的喜好而选择朋友，更不会因为对你的话语没有兴趣而无聊地离去。坚持聆听但并不一定赞同是他们做事情的原则，在他们聆听你的观点的时候，内心其实在为了自己的事情发生着心里的悸动。

深谋远虑的女人应该明白对方的心事，不要看对方和善的外表而轻易地相信对方的言辞。他们的微笑往往是在掩盖自己内心的玄机。要想真正成为对方的朋友，聪明的女人会选择聆听对方的心声，从而附和对方的观点，这样你们彼此之间的关系会变得很近。如若你将对方随声附和的话语当真，那么你就有点自以为是了。

2. 随声应和的话多半也是出于假意

你所说的话对方不一定放在心上，同样地，他们表示对你的话没有争议，很可能只是为了缓解彼此之间的关系，而这种表面的友好往往不是发自内心。人与人的交往需要的是心与心的互换，如果只是用假情感来敷衍别人，那最终会发现其实是自己在敷衍自己。

懂得读心的女人，自然而然能够看出对方言语中的随意，不管在什么时候他们随意的语言总是能够被看穿。要想接近这样的人，就要懂得分辨对方言语中的真实和假意，避免自己成为受伤者。

生活一直在进行，每个人的交际圈都不会完全相同，因此，你会面对很多人，脾气各异、兴趣各异、人品各异，正是有这么多的不同，才会需要应和别人的话语。适当地应和对方，其实就是一种内心的鼓舞。当一个需要被认可的人，在恰当的时候露出认可了你的表情的时候，其

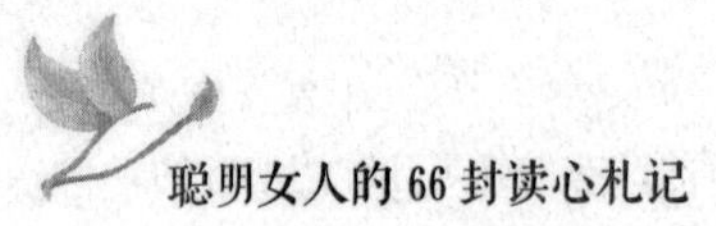

实就是对对方内心的一种鼓舞和促进。

女人应该让自己变得更聪明和睿智，以免被生活中的假象所迷惑。懂得读心的女人，会习惯上分析对方的一言一行。一个应和的表情或者是应和的话语，都会显示出一个人内心潮涌的波动。当一个人没有诚意地邀请你去他家做客的时候，千万不要以为是因为真的想要和你聊天才邀请你，要能够分辨出什么事情是虚情，又在何时是假意。

第4章

姿态都有用意

——做一个“特工美女”，在无声之中寻觅到“心声”

“小动作，大智慧”，这个原理是懂得读心的女人们必须用心掌握的。小姿态是一种内心的辩解，不管是身体哪个部位的动作，都会给交往中的人产生心理暗示。一个人姿态的变化，更能够表明对方心里的那点玄机。不管是无心的防御还是主动的攻击，也不管是坐姿百态还是走路踮脚，都不仅仅是养成的一种习惯，聪明的女人会透过姿态的变化，洞察清楚对方的心灵秘密。

 28 交叉双臂放于胸前表明是防守心理

在进化心理学的宏大叙事中，人类肢体语言的密码本早已镌刻于基因序列。当危机信号刺激杏仁核的瞬间，双臂如古战士的圆盾般本能交叠，在胸廓前构筑起无形的防御工事。这个跨越文明的通用姿势，恰似动物蜷缩时收起的利爪，既是生物本能的无意识投射，亦是社会人格的具象化表达。

在华尔街的并购谈判桌上，投资人交叉双臂的刹那，谈判节奏便悄然生变。这不仅是心理防线的具象化延伸，更是权力博弈的无声宣言。双臂环抱形成的封闭空间，如同中世纪城堡的护城河，将外界质疑与劝解阻隔于安全距离之外。此时连尾指的微颤都暗藏深意——指节泛白者多藏攻击性防御，轻叩桌面者常怀策略性保留。

社交场域中的双臂交叉更似双面镜，折射出复杂人际光谱。相亲角里姑娘环臂浅笑的姿态，可能暗含对相亲对象的不置可否；闺蜜下午茶时突然交叠的手臂，或许暗示着对某个敏感话题的抵触。这种肢体语言的多义性，恰如莫奈笔下的睡莲池，需结合情境光线方能解读准确。

聪慧的识人者深谙“破冰三昧”：当察觉对方双臂筑起长城，不妨

以“自我暴露”为钥匙。主动分享糗事可瓦解防御工事，身体前倾能缩短心理距离。如同驯兽师轻抚猛兽的鬃毛，用“我理解你为什么犹豫”替代咄咄追问，往往能令交叠的双臂如晨雾般消散。在商务场合，适时调整座椅角度形成开放型对话空间，比强行打破对方肢体防线更显策略。

肢体语言专家艾克曼的研究揭示，持续超过 45 秒的双臂交叉必伴随深层心理波动。此时观察微表情的复合呈现尤为重要——伴随挑眉多显质疑，嘴角下拉常含抵触，而规律性的脚尖拍打则暗示内心正在激烈博弈。对于这些无声信号的精准解码，恰似考古学家还原破碎的甲骨文，需要观察者既具备专业敏感度，又保有对人性褶皱的深切共情。

最终，破译肢体语言密码的终极钥匙，始终在于建立情感共振。当防御性姿势出现时，与其视为沟通的障碍，不如看作建立信任的契机。如同化解冰封的暖流，真诚的共情往往能让交叠的双臂舒展成拥抱的姿态，让戒备的城池化作坦诚的桥梁。

29 叉腰的姿势表明存在攻击心理

双手叉腰，在很多时候都表示愤怒、挑衅或者开始攻击的内涵，总之在身体语言里，双手叉腰都是一种强势和攻击的符号。首先从起源上来看，是源于面对敌人时，把双臂张开或者叉在腰间，而以此来扩大自己的身体范围，从而让对方产生恐惧的心理，彰显自己的强大。要知道

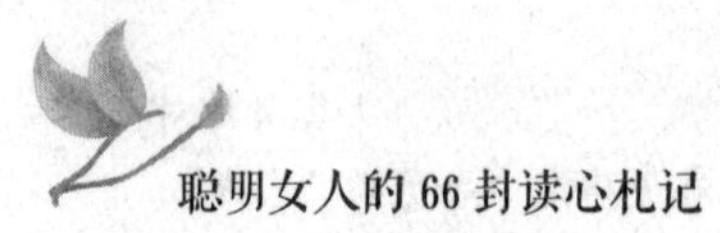

这种姿势很多时候会表现出一种内心的攻势，尤其是当一个人感觉到自己的尊严受到伤害的时候，或者是要与对方产生争执的时候，都会选择这个姿势来增加自己的气场。

叉腰这个姿势，需要将一个人的手臂放在腰间，因此，这也是让自己看似比较强大的动作。因此，这样的人往往内心已经产生了攻击的念头，从而往往会表现出愤怒的表情。但反过来说，这种姿势也可以传达掩饰在内心的不安和怯懦。这是性格上的两个极端。聪明的女人往往能够看到对方的这个动作之后，想办法缓解对方内心的愤怒，如果一旦感受到的是愤怒，无法让对方感受到自己的弱势，而你这个时候也表现得十分强势，那么必然会发生一场“战争”。

每个人的内心都不可能是完全被掩盖的，每个人的动作往往会透露出一个人的真实内心，因此，聪明的女人会通过观察一个人的手臂来认识对方的内心世界，也只有这样你才能够让自己变得更加地舒畅，从而防备对方的攻击，化解对方对自己的敌意。细心观察对方的双臂，你会发现已经走入对方的内心。

30 对方一入座，就给了你一张“心”名片

开会、吃饭、看表演，每个人的一生中都要经历无数次寻觅座位的事情。然而不同的人往往会选择不同的座次和方向，有人要坐前面，有

人则偏重于后面。由此看来，座次似乎不仅仅是一个座位，相反它是一个可以参透人心的小天地。对聪明女人来说，只要对方一入座，她们的手中就有了一张“心”名片。对方的性格、目的、心理状态，一切的一切都已经摆在她们眼前了。

1. 坐在前排的人——善于表现，紧跟机遇

坐在前排的人，往往是两种人，第一种人是领导级别的人物，也就是说，他们往往是公司的管理人员，这样的人常常因为想彰显自己领头羊的角色而选择前排的位置。此外，还有一种人是想让自己被领导发现而有意地往前坐，从而更有机会与领导互动交流。总而言之，不管是出于什么原因，坐在前面的人往往都有着一种自我表现的冲动。这种人常常将自己视为重要角色，而且不会放弃任何一个展示自己的机会，因此性格上属于偏主动的类型。他们喜欢冒尖，不愿甘居中游，但也难免会表露出傲慢的韵味。对于这种人，要想和谐相处，最好的方式就是别剥夺了他的表现机会，而且千万不要轻视对方的能力，因为这绝对是对方最受不了的一件事。在他们看来，亵渎能力等于亵渎人格，倘若这一点上没处理好，估计他们这辈子都会拿你当敌人。

2. 坐在中间的人——淡泊名利，安于现状

在上级开会的时候，有些人会选择坐在中间的位置，他们往往表现得相当安稳，表现得随意而轻松，也不会过多地谋求别人的注意。这样的人多半安于现状，没有表现欲望，对待发表言论的事情，他们是非常希望别人能快速剥夺自己发言权利的。由于不好斗，所以这种人常常可

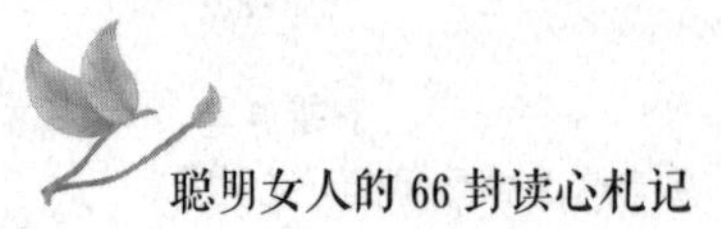

以远远避开种种谁与争锋的竞争，勤勤恳恳地担当一个与世无争的老好人。与这种人相处是非常容易的事情，他们往往为人随和，也不会随便给人打小报告。但有一件事情一定要记住，那就是尽量不要跟他们谈论太多别人的是是非非，因为这种人本来就不喜欢被是非所累，倘若你总是这样用是非来打扰他们的平静，只能招致他们的反感。时间一长这些老好人就会慢慢对你疏远，不再对你多么热情了。

3. 坐在角落的人——事不关己，自我逃避

有的人不管参加什么事情总是会为自己选择一个角落待着，尤其是喜欢挨着墙靠在那里，因为在他们打心眼儿里就根本不希望让别人发现自己的存在，更不愿意引起别人的注意。这样的人在性格上是比较安静的，也是比较内向的，他们行为低调，从不轻易表露自己的观点，当然也不会极力地去讨好谁。在工作中，他们常常秉持的是一种“事不关己，高高挂起”的心态，因此常常独来独往、自由散漫，团队意识薄弱，常常有意识地给对方树立一种有他没他都无所谓的意识，为的只是自己可以随性撒欢儿过自己想过的生活。

聪明女人知道这种人多半是很自我的自由主义者，因此与这种人相处一般是不会与他过分较劲的。所以如果真的要有事，她们会提前进行准备，尽可能地给对方流出更宽泛的时间，但是说的时候必然要留出的时间体现一半左右，这样一来对方可以懒散自己的，作为聪明女人自己而言也丝毫没有耽误事儿。时间长了，大家相安无事，没有抱怨，没有矛盾，自然非常和谐。

4. 坐在后排的人——自信不足，犹豫不定

在开集体会议的时候，有些人一进屋子就快步走到后面位置，然后一声不吭地坐在那里。这种人往往对自己有着诸多不确定性，而且内心极度自卑，不敢表现自己，生怕出丑。他们往往有着很高的自我防御意识，做起事情畏首畏尾，没有痛快劲儿。他们常常因为害怕出错而使自己的发展道路受到局限，自己从来不敢对事情进行判断，因此总是让人觉得没有什么特点。

对待这种人，聪明的女人一定要有主心骨，因为他们常常处于被领导地位，倘若自己也是没有主意的人，不能为他们指明方向，肯定是要乱套的。如果因为工作原因与这种人打交道，那就尽可能拐个弯儿去找他的领导接触，慢慢将其作为一个执行人员联系交往。因为对方对自己不够自信，常常在办事情的时候反复地揣摩上司的意见，这对于另一方来说不论是从时间还是精力都是一种折磨。既然他不能自己做主，就不如直接去找那个能做得了他主的人，从而自己不用纠结，他也不用纠结，只要第三方一同意，大家就痛痛快快地将方案执行到底，这样一来反倒避免了很多麻烦和冲突。

总而言之，人与人之间的相处是门艺术，想将这门艺术发挥得淋漓尽致，聪明的女人首先要做的就是参透对方的内心世界。小小的座次之谜看似不起眼，但却大有文章。那么多的座位，入座的一定是性格各异的人，而每个人的手里都有这一张最真实的“心”名片，只有真正读懂他们的名片上写的东西，才能切实地认识对方，了解对方，最终实现与对方相处得默契与和谐。

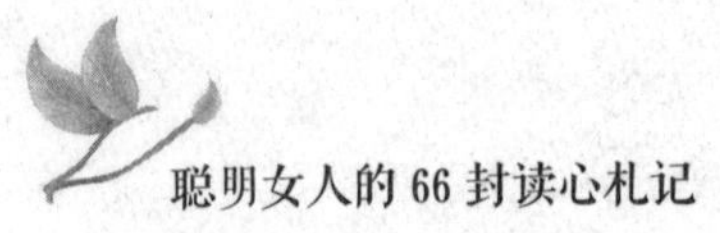

31 步调频率过快，有人雷厉风行，有人紧张急躁

在都市丛林的玻璃幕墙间，总有些身影如猎豹般穿梭。他们踩着十厘米的高跟鞋疾步生风，西装下摆扬起锐利的弧度，仿佛身后追着看不见的倒计时器。这种将生活调成两倍速的人群，恰似人性光谱中两种截然不同的存在。

雷厉风行的行动派如同精密咬合的瑞士钟表，他们的步态是人格特质的立体投射。某跨国企业CEO便深谙此道，每次董事会必定提前十分钟抵达，皮鞋叩击大理石地面的节奏如同战鼓，未开口已先声夺人。这类人处理邮件以秒计，决策时瞳孔微缩如鹰隼锁定猎物，连午餐会议都要精确到咖啡拉花的对称角度。与他们共事需掌握“电梯演讲”的精髓——当他们在走廊转角突然驻足，必须在三十秒内完成核心诉求投递，否则那抹锐利目光将转向下个目标。

而另一类疾行者则像被焦虑点燃的爆竹，脚步声里裹着未引爆的情绪。某创业公司技术总监便是典型，每当项目临近deadlines，他会在办公室折返跑，运动手环显示的步数能绕城市三圈。这种人的衬衫领口常沾着汗渍，说话时喉结上下滚动如同失控的节拍器，连喝水都像是在完成KPI。有次客户临时改需求，他握着钢笔的手青筋暴起，笔尖在A4纸上划出十道裂痕。面对此类人，聪慧的沟通者会化身情绪缓冲带，用“先处理心情再处理事情”的智慧，将对话节奏调至慢动作模式。

心理学研究显示，步速与皮质醇水平存在正相关。雷厉风行者往往多巴胺分泌旺盛，而急躁者的肾上腺素长期处于高位。观察前者需培养“子弹笔记”式的沟通效率，与后者相处则要修炼“太极推手”的卸力功夫。某 HR 总监深谙此道，面对风风火火的部门主管，她会提前准备三页纸的要点清单；面对焦躁的工程总监，则备着安神茶和分段式沟通脚本。

这些行走的密码本，恰似人性实验室的活体样本。当我们学会从步态解读内心剧本，便能掌握社交场域的元语言——对前者给予明确的指令坐标，对后者铺设缓冲的情绪跑道。毕竟，再精准的导航也需要适配不同路况，而人性这本大书，从来都是动态更新的立体地图。

32 走路不急不慢，内心淡定，稳重内敛

在都市喧嚣的褶皱里，总有些人如同行走的磐石，步伐里沉淀着时光的琥珀。他们深谙“水静则明”的东方哲学，将心性淬炼成青铜鼎彝般的质感。这类人举手投足间流转的气度，恰似紫砂壶中酝酿多年的普洱，愈品愈觉醇厚。

他们的从容不迫源自认知维度的跃升。当同龄人还在为季度 KPI 焦虑时，他们早已构建起“降维决策”的思维模型。某集团战略顾问王先生便是典型，面对突发危机时，他总能在会议室踱着方步，用围棋落子般的节奏分析局势。这种“慢决策”并非优柔寡断，而是将问题置于更

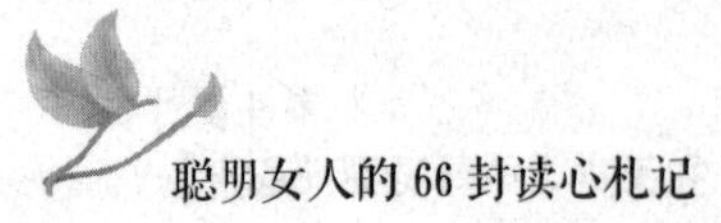

宏大的时空坐标系中审视。正如他常说的:“真正的好棋，要看到三步之后的棋势变化。”

心理学中的“心流”理论在此类人身上得到完美诠释。他们工作时如同进入禅定状态，外界干扰自动虚化，思维如溪流归海般汇聚核心。某跨国并购案中，首席谈判官李女士在对方咄咄逼人的攻势下，始终保持着品茶的节奏，最终用四两拨千斤的太极策略达成共赢。这种“战略耐心”的背后，是历经淬炼的情绪管理系统——杏仁核早已学会在风暴中保持平衡。

与这类人共事如同获得“认知防空洞”。某初创公司CEO曾坦言，每当面临重大决策，必会带着团队拜访隐居幕后的战略顾问。这位古稀老者总在侍弄兰花的间隙，用三两句箴言点破迷局。他们提供的不仅是解决方案，更是经过岁月发酵的思维范式：用概率思维评估风险，用终局倒推布局，用冗余设计构建安全边际。

神经科学研究表明，这类人的前额叶皮层与边缘系统形成了独特的神经回路，如同高速路上的应急车道，确保决策过程始终保有战略缓冲空间。某风险投资人透露，他判断项目时必观察创始人的步态——真正的高手往往步幅稳定，正如他们的现金流规划永远留有安全冗余。

聪明女性与这类人合作，如同获得“认知升维加速器”。当遇到技术瓶颈时，他们能提供“第一性原理”式的破局思路；当面临人事纠纷时，他们擅长用“灰度思维”平衡各方诉求。更重要的是，他们如同行走的坐标系，让合作者学会用更宏大的视角理解商业社会的运行规律。这种隐性知识传递，往往比显性方案更具价值。

在这个崇尚速度的时代，懂得欣赏步调平和者的智慧，如同在快餐店里偶遇手作料理，看似费时，实则是对生命本质的深刻致敬。毕竟，真正的从容不是放慢脚步，而是让心灵始终快于时代的节拍。

33 步调较慢，生活闲散，宽容大度

现实生活中总会碰见那么零星几个不紧不慢的人，别人都走出了好远，他自己在那里还慢悠悠地不着急。这种人的生活往往是相当闲散的，他们对生活常常抱持着差不多就知足的心态。不愿意过分与别人竞争，喜欢享受自己的那份恬静。这种人虽然看似没有过高的追求，而且做什么事情都秉持着慢条斯理的速度，但是心性却非常大度。对于别人的话往往采取的是“有用的听，没用的忘”的态度，所以身边的人很少会看见他心情不好。别人说好话他笑，说不好的话往往就跟没听见一样。对于急性子的人来说，遇见这样的人绝对是件窝火的事情。因为这种人似乎天塌地陷自己仍然还会稳坐钓鱼台。“虚心认错，坚决不改”是这种人最气人的地方。他们虽然脾气很好，也很容易原谅别人，但却绝对没有那么容易被改变，由于进取心不强，因此始终会保持着一种与世无争的闲散式生活态度。

这种人其实是很好相处的，他们很少会怨恨谁，也不会轻易去恭维谁。因此，与这种人相处，聪明女人首先要尊重对方那颗自由的心，千万不要试图去改变对方。尽可能地不要与他一起做一些必须准时准点要完成的合作，尽可能地为其预留出随意发挥、相对散漫的时间。其实这种人一般在自己的专业上是很成功的，尽管生活散漫，但是脑袋却绝顶聪明，只要他们想干，三下两下就能做得非常漂亮。因此，在这种情况下，聪明女人应该尽可能地采取激将、引导、撮合等策略，牵着对方做事情，并最终给他很高的评价，这样一来说不定他们能帮你打造出很多精品和奇迹。

34 跷着二郎腿的同时，内心也变得高傲

在社交场域的隐秘剧场里，二郎腿的姿态俨然成为人性棱镜的折射面。这个看似随意的坐姿选择，实则暗藏着复杂的心理密码，如同古埃及象形文字般承载着丰富的象征意蕴。

当女性将修长双腿优雅交叠，足尖轻点如芭蕾舞者谢幕，这个曾被礼教规范束缚的动作，在解构主义盛行的当下早已蜕变为自信宣言。某互联网女高管在董事会上保持此姿态谈判，恰似古埃及女王手持权杖，在看似慵懒中掌控全局。而男性以膝为轴构建的身体几何，则呈现出更复杂的心理光谱——或是投行精英在庆功宴上的志得意满，或是文艺青年在咖啡馆里的疏离宣言，同样的肢体语汇在不同语境中演绎出迥异的人生剧本。

心理学中的“权力姿势”理论在此得到精妙注解。二郎腿构成的三

角支撑结构，无形中提升了心理海拔，使个体在潜意识层面获得掌控感。某行为心理学实验显示，长期保持此坐姿的受试者，在资源分配游戏中更倾向于保留筹码，其决策模式呈现出明显的“零和博弈”倾向。这种身体语言构筑的心理防御工事，往往伴随着认知偏差：对下属展现“权威辐射效应”，对上级启动“谄媚镜像反应”，在权力坐标系中精准计算每个微笑的分贝值。

破译这类社交密码需要高超的心理博弈术。当面对二郎腿构筑的“心理护城河”，沟通者宜采用“镜像神经策略”：保持开放型肢体语言，用对等角度的目光接触建立对话框架。某跨国并购谈判中，谈判专家在对方交叠双腿的瞬间，巧妙调整座椅高度形成视觉平视，配合“我们先确认三个共识点”的引导式提问，成功瓦解了对方的防御姿态。

更深刻的较量在于认知维度的角力。高傲者如同站在认知高地的弓箭手，唯有展示思维深度才能迫使其放下防御。某咨询公司在争取央企订单时，团队没有纠结于客户总监的傲慢姿态，而是用行业大数据构建三维可视化模型，将技术方案转化为沉浸式体验，最终让决策者主动调整坐姿倾听方案细节。

这种身体语言的攻防战，本质是人性弱点的照妖镜。当二郎腿不再只是物理空间的占位符号，而成为心理疆界的可视化边界，真正的智者懂得：破解肢体密码的钥匙，永远在于构建更高维度的认知结界。毕竟，在人性博弈的棋盘上，最精妙的落子往往始于对自我姿态的超越。

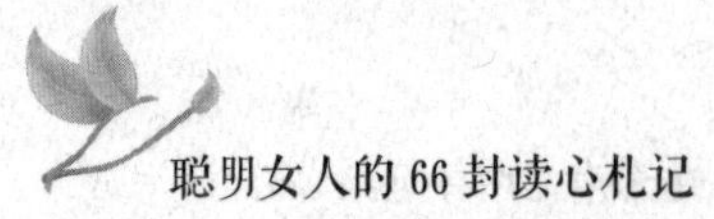

35 侧身而坐，坐出低调善良的内心

侧身而坐者如舒展的波斯猫，将慵懒与敏锐完美调和，在社交丛林中编织着独特的魅力网络。这种看似随意的坐姿选择，实则蕴含着深邃的心理哲学。

心理学中的“具身认知”理论在此得到精妙诠释：当身体以 45 度角打开，心理防御机制随之松弛。某跨国企业亚太区总裁便深谙此道，他在商务宴会上总爱侧身倚靠沙发，看似漫不经心的姿态，实则构建着“非攻击性”沟通框架。这种身体语言释放的善意信号，往往能让合作伙伴卸下心防，在葡萄酒的涟漪中达成关键共识。

但切莫被表象迷惑，侧身者的低调恰是进攻的盾牌。某投资界传奇人物便是典型样本，他日常穿着旧球鞋穿梭于街角咖啡馆，却在并购谈判桌上展现出猎豹般的精准。这种“战略伪装”源于对人性弱点的深刻理解：当对手因你的随性而轻敌时，正是祭出杀伐决断的最佳时机。

与侧身者建立深度联结，需掌握“镜像投射”法则。某社交名媛在接近科技新贵时，刻意模仿对方斜倚沙发的姿态，用同频的肢体语言叩开对话之门。她深谙：要让高傲的孔雀开屏，必先成为其眼中合格的观赏者。这种心理博弈的精髓，在于用非言语信号构建认知同盟。

相较之下，浅坐如惊弓之鸟的群体，则演绎着截然不同的生存剧本。他们的坐骨结节仅轻触椅面，如同随时准备弹射的弹簧，这种身体记忆往往源自童年时期的创伤性体验。某家族企业继承人在每次董事会前，总要调整座椅高度至仅三分之一接触面，其潜意识里的权力焦虑，在监控录像中化为永恒的身体叙事。

破解浅坐者的心理密码，需要“渐进暴露”策略。某心理咨询师在辅导焦虑症患者时，刻意将咨询室沙发调至凹陷设计，通过物理约束逐步延长对方坐定时间。这种环境暗示疗法，帮助来访者在十二周疗程内重建了安全感神经回路。

从进化心理学视角审视，人类坐姿的演变本身就是文明进程的隐喻。当原始人围篝火踞坐，是为了随时应对猛兽突袭；而今我们在商务舱平躺，则是消费主义的终极象征。在这个意义上，侧身与浅坐的选择，恰似人性光谱中永恒摆动的钟摆——在舒适与警惕、开放与防御间寻找着微妙的平衡点。

36 两手叉腰而立——不是那么好说话的人

在鲁迅先生的生花妙笔下，杨二嫂这个文学形象早已超越时空桎梏，恰似一柄镌刻着人性劣根的石杵，在社交疆场上夯出令人窒息的威慑圈。这种身体语言的暴力美学，在当代社会更衍生出令人警醒的现实映照。

当代社交场域中，此类“人形自走火药桶”仍屡见不鲜。某互联网公司茶水间里，市场总监李女士便深谙此道。每当方案被质疑，她必会双手撑住会议桌沿，身体前倾形成压迫性夹角，配合高频次的手势轰炸，

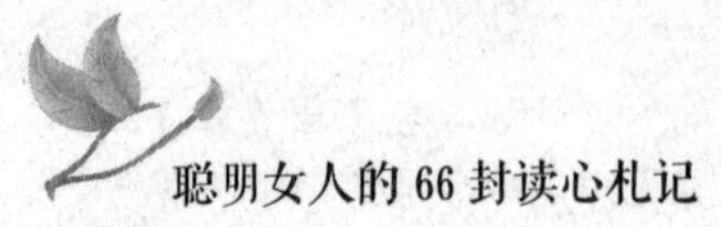

将异议者逼入逻辑死胡同。这种“攻击性非言语沟通”往往裹着“就事论事”的糖衣，实则暗藏认知霸权的利刃。

心理学中的“攻击型人格”在此得到完美注脚。他们如同认知世界的黑骑士，将任何异议都视为对自我价值的挑衅。某行为实验显示，此类人在辩论时，前额叶皮层活动会下降37%，而杏仁核活跃度飙升，理性思维让位于情绪本能。这解释了为何他们总能在鸡毛蒜皮中掀起惊涛骇浪——在他们扭曲的认知坐标系里，争辩早已异化为存在价值的确认仪式。

与这类“社交地雷”共舞，需掌握精妙的“情绪拆弹术”。某跨国谈判专家在遭遇类似对手时，会刻意采用“灰度沟通法”：将核心诉求包裹在三层缓冲语言里，先用气象学比喻稀释攻击性（“这个问题就像台风天的航班”），再用数据可视化转移焦点，最后用开放式提问预留台阶。这种“太极推手式”对话策略，往往能让火药桶自行熄灭引信。

更高明的博弈者则懂得“认知降维打击”。某硅谷投资人面对咄咄逼人的创业者，突然切换话题:“你让我想起《纸牌屋》里的弗兰西斯·安德伍德。”这句看似无关的类比，实则启动了对方大脑中的镜像神经元，迫使其跳出攻击模式进行自我观照。这种“神经黑客”技法，正是破局的关键密钥。

当遭遇杨二嫂式人物的“圆规暴击”，聪明女性的终极智慧在于构建“心理防火墙”。如同古代谋士面对暴君时的“阳奉阴违”术，表面顺应其逻辑链条，实则暗中铺设认知陷阱。某家族企业女继承人在处理元老派系冲突时，总会带着绣娘般的耐心倾听抱怨，却在关键节点轻描淡写地插入:“这个思路倒让我想起八十年代的国企改革……”四两拨千斤间，完成认知战场的乾坤大挪移。

在这个意义上，与人性枭雄过招，恰似在火药库旁跳华尔兹。真正的智者懂得：最锋利的剑，往往藏在最柔软的鞘中。

37 将双手插入口袋——不表露的自我防御

在都市的各种角落，总能看到这样的剪影：西装革履的精英将双手深插衣袋，在写字楼旋转门前凝望车流；校园里的少年将运动服袖口垂至指尖，在梧桐树下勾勒着青春特有的疏离。这种看似随意的姿势，实则是现代人构筑心理防线的微型雕塑，折射出当代人际关系中的微妙张力。

心理学中的“安全基地理论”在此得到精妙注解。双手插入衣袋的动作，恰似婴儿寻找子宫般原始的安全诉求。某跨国咨询公司的调研显示，76% 的受访者承认，当面对陌生社交场景时，这种姿势能带来“可控制的封闭感”。指尖触碰衣料纹理的瞬间，如同触摸到心理层面的防护结界，将外界窥探的目光折射成安全距离。

这种姿态背后，往往蛰伏着认知世界的“洞穴隐喻”。他们如同柏拉图寓言中的囚徒，在自我编织的意义之网中观察世界。某互联网公司产品经理在头脑风暴时总爱插袋而立，这个被同事戏称“思想者”的姿势，实则是其思维系统启动的仪式——在衣料的轻微摩擦中，创意火花

开始撞击认知岩壁。

与这类“心理洞穴居民”建立联结，恰似在溶洞中寻找钟乳石的考古学家。某情感专家建议采用“渐进式自我暴露”策略：初次见面时可分享童年糗事，第三次约会时透露职场困顿，待其确认安全边界后，再逐步展开深度对话。这种“认知剥洋葱”法，往往能让防御者卸下心理盔甲。

更精妙的破冰术在于非言语信号的镜像同步。当对方双手插袋时，可效仿其姿势但保留 20% 差异——比如将拇指露出袋口，这种“安全基地的开放式改造”，既能保持同理心共振，又传递出愿意接纳的潜台词。某社交名媛在慈善晚宴上运用此技，成功让某科技新贵主动分享创业往事，其秘诀正在于拇指与食指构成的“心理握手区”。

在数字时代的社交荒漠中，这种身体语言承载着人性最原始的渴望：既想触摸世界的温度，又害怕被灼伤。聪明的女性懂得，破解这道姿势密码的关键，不在于强行闯入洞穴，而在于用温暖的光源照亮洞口——当对方发现外界不再充满认知掠食者，自然会踱出阴影，在月光下舒展双手。

38 依靠式站立——生性羞怯，不善独立

有些人只要是站着就要找个可以靠的地方支撑着身体，不管是墙、电线杆还是桌子，总而言之只要有能靠的地方他绝对不会放过机会。

心理学中的“安全基地理论”在此得到精妙诠释：当个体将身体重

量托付给外部支撑物时，实则在进行着隐秘的心理能量置换。某跨国企业 HR 总监观察发现，这类员工在头脑风暴时总爱背靠白板，其提案通过率比平均高出 23%——物理支撑转化为心理赋能的神奇效应，在数据维度得到印证。

这种姿态背后，蛰伏着认知世界的“依赖型人格”密码。他们如同认知婴儿，将外部世界视为延伸的自我。某大学行为实验室的脑成像研究显示，当被试者背靠软垫时，前扣带回皮层活跃度下降 41%，理性决策能力随之弱化。这种神经机制揭示了一个残酷真相：过度依赖者往往将独立思考视为危险游戏。

聪明女性深谙与这类“认知拐杖”共处的艺术。她们如同经验丰富的驯兽师，懂得用“正向强化”编织信任之网。某科技公司女高管在培养新人时，总会将复杂项目拆解为可视化流程，让依赖型下属在每一步完成后获得即时反馈。这种“认知脚手架”策略，使团队执行力提升 60%，而决策失误率下降 37%。

更精妙的操控在于“认知锚点”的植入。当依赖者第 11 次询问“您觉得这样处理是否妥当”时，某公关公司女总监会轻抚珍珠项链——这个经过精心设计的动作，逐渐演变为团队决策的隐形图腾。依赖型下属在模仿该动作时，实则完成了对领导思维模式的神经复刻。

在权力博弈的棋盘上，这类人恰似未经雕琢的璞玉。某家族企业女继承人在培养心腹时，刻意制造“可控危机”：将重要合同故意遗留细节漏洞，观察谁会在第一时间寻求指导。那些带着困惑眼神求助的下属，往往会在后续晋升中获得优先权——因为他们早已通过依赖行为，完成了对权力秩序的隐性臣服。

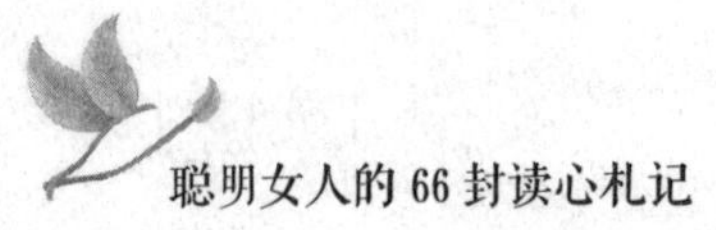

这种人际操控术的最高境界，在于制造“认知舒适茧房”。当依赖者发现遵循指令不仅能规避风险，还能获得持续的心理供养时，就会像蚕蛹般自愿困守其中。某跨国集团 CEO 助理深谙此道，她总能在下午茶时“不经意”透露老板的思维盲点，引导依赖型同事主动填补逻辑空缺——这种精神哺乳术，使团队成为其手中指哪打哪的认知利剑。

在人性幽微处，聪明女性将依赖者的心理渴求锻造成权力筹码。她们懂得：最坚固的忠诚，往往诞生于认知世界的舒适囚笼；最锋利的剑，永远握在懂得铸造心理锚点的人手中。

39 走路踮脚，其实是内心不够平稳

踮脚走路，很多人见到这种姿态并不以为然，会将这种姿态很简单地定位为一种走路的习惯，根本不会想到这种习惯背后的心理。江璐是个聪明女人，她很快看到了对方踮脚背后那颗不安分的心，却因为别人没有听从她的意见而给整个企业带来了不良后果。聪明的女人往往能够体察一个人身上的所有细节，在很多人看来他们所见的不过是一种现象，但对于一个会读心的聪明女人，在她们抬眼的一瞬间就看到了一切。她们会很快洞察到对方的心灵密码，从而准确地判断出这个人的心性和处世方法。即便是踮脚这样小小的习惯，她们也同样可以从中读到不少别人永远不知道的秘密。

1. 踮起的是脚跟，颠簸的是内心

如果一个人习惯性地踮脚，他们的心态往往是不踏实和不安分的。他们首先对自己的能力没有一个足够的分析，总是自我感觉良好，因此常常幻想瞬间得到那些当下自己很难得到的东西。除了好高骛远以外，他们往往对自己缺乏长远规划，常常这山望着那山高，谁给钱多跟谁走，最终只能是吹毛求疵，错过了一个个绝好的发展机会。

对于怀揣着这样一颗躁动之心的人，聪明的女人最好不要把他们当成自己的合作对象。因为他们内心颠簸，难以抵抗利益的诱惑，又很难理智地去判断道路是不是正确，也有失一颗权衡之心，因此很有可能会不跟你商量就擅自作出错误的决定，结果酿成大错后便傻了眼，到那时候明明你知道自己是因为他们而遭受了损失，也已经是覆水难收了。

2. 走路踮脚，心中无法平静

俗话说得好，“静心做事，豁达为人”，如若一个人无法让自己的心沉淀下来，总是像飘在天上的风筝，那么你的心中永远无法领略仰望天空的美感。生活中很多时候需要的是心静，要求不要过于远大和盲目，一个真正能够脚踏实地做事情的人，往往会拥有一颗平静的心态。同样地，一个人踮脚走路，本身就不会给别人留下踏实的印象。别看他们做事的时候缺乏理智，但是脾气是相当了得的，关键时刻只要自己觉得行，是根本不会顾及你的建议和劝阻的。

因此对于这样的人，聪明女人首先要做的就是抑制他的躁动，适时运用一下冷处理，该泼冷水的时候绝对不能客气。而且对于要与之共同

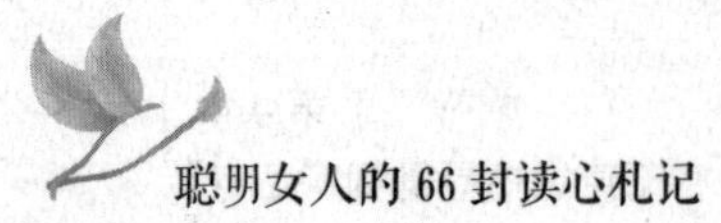

完成的事情，一定要时时监控，绝对不能大松心。对方内心越是不平静，自己的内心就越要淡定理智，只有这样才能不让他闯出什么祸端。适时地保持一下严肃的态度，暗示他要是敢胡来后果很严重。提前告诉他一些其他人的酿成大错的案例，并暗示他如果是这样自己会用多么严厉的方式加以处理。这样一来，即便他内心还是浮躁，在要偏离轨道的时候，脑子里也已经被打了预防针，即便是要做头脑也是要多转几个圈子再作决定的。

人的一生需要“平静”的心态，如果没有平静的心态，那么怎么样才会让自己稳步前进呢？我们不得不承认，不安分的人往往都是有一定资本和野心的，这种人脑袋聪明，但若是走偏了道路，造成的破坏力也是相当严重的。聪明的女人常常会通过这一行走的细节，探明对方不是个安分之人，便会在与他相处的过程中加强戒备，绝对不能让对方的躁动影响到了自己的生活。毕竟人生是需要稳扎稳打的，读心的目的在于帮助别人，也在于保全自己。在聪明女人看来，人生可以冒险，但是也没有必要为一些没有必要的事情付出惨痛的代价。有些事情输得起可以赢得更彻底，但有些事情只要是翻车了，再想翻回来可就没那么容易了。

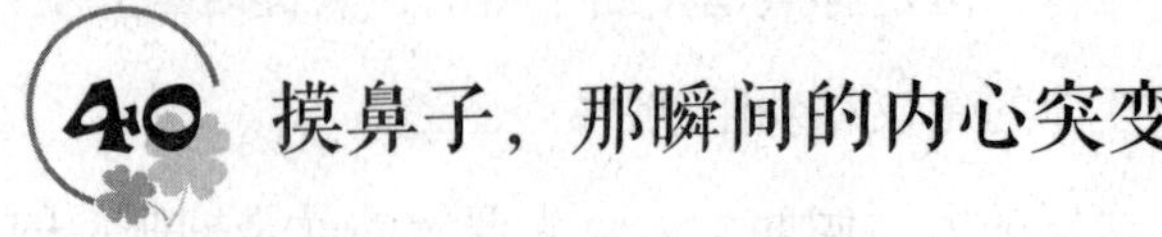

40 摸鼻子，那瞬间的内心突变

我们在工作或生活中，总会有意无意地做出一些小动作，而这些小动作多半可以体现着对方内心世界的波澜。行为是由人的内心所支配的，但行为也是会说谎的，在这方面造假的高手并不在少数。但万物都有相对性，有些动作是用来造假的，有些动作就可以在一瞬间把他们那点造假的心思全部悄悄地汇报给你，关键就看你有没有练成一双火眼金睛，只要你愿意，就在他们摸鼻子的那一瞬一切就全明白了。

1. 摸鼻子的瞬间多半是因为心虚

做错事情是很平常的事情，世界上没有永不犯错的“神人”，这本来是可以谅解的事情。但生活中有这样一种让人想起来就脑袋大的人，那就是犯了错误死活不承认，害怕承担责任。当别人追究这件事情的时候，他们的第一反应就是把自己推得干干净净，似乎跟自己没有任何关系。可即便是嘴硬，小小的动作却在不经意间向别人泄了老底。在面对别人追问责任人是谁时，他们往往眼睛不敢直视对方，时不时快速地摸一下鼻子，尽可能装作事不关己的样子。虽然有些人表情淡定，但心里却在经历着一番思想斗争，由于心虚，他们往往为了掩饰自己的错误而选择快速离开现场，或是少说话待在某个不被人注意到的角落，以此来平息自己的紧张情绪，顺便自我遮掩，避免别人过快地注意和怀疑到自己。

马云云和自己的一名同事一起去上海见客户，本来计划好出差花费三天的时间。但是因为同事贪玩儿，想要在上海多玩儿一天，而没有及时地与客户见面，也因此而耽误了返程的时间。回到公司后，有关部门经理方梅追问到底是什么原因，同事却把之推得很干净，说是马云云耽误了与客户碰面的时间。马云云听了自然要为自己申辩，结果两个人各执一词，方梅一时难以查明真相。于是她采取了分开谈话的模式与两个

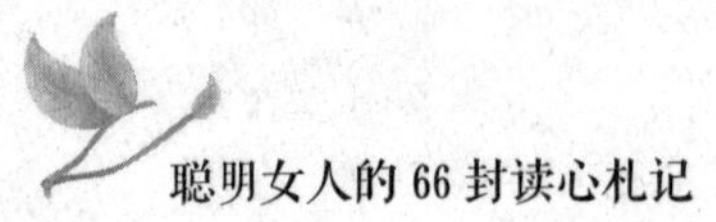

人沟通。在谈话中方梅统一自己的口径，对两个人说自己什么都知道了，事情已经相当清楚，之所以还要分别谈话，主要还是给大家一次改过自新的机会，说了实话公司自然不会过于追究，但是假如要她来戳穿真相，那后果只能是由他们自己承担了。

交谈中，马云云态度坚决，丝毫不避讳，说自己说的话全是实话，不管公司怎么核实，事情已经搞清楚到一个什么程度，事情就是那个样子，自己也没有凭空捏造。而那个同事虽然也说自己的话都是事实，但时不时地会摸一下鼻子，眼睛里透露着一种无法言表的紧张。因此方梅料定，真正的问题不在马云云，而在于她的同事。于是这位职场上的读心高手，以自己的口吻将马云云讲的事实当成自己核实后的事实又给对方讲了一遍，如果真的证据确凿，对方不但要引咎辞职，还要赔偿公司拖延一天返程中带来的一系列损失。这时候对方一下子慌了手脚，马上低下头承认了自己的错误。

生活中很多人犯了错都是不那么愿意承认的，因此我们常常看到两个人相互指责，公说公有理，婆说婆有理，不知道谁的话是真的，谁的话是假的。但是会读心的聪明女人总是可以在这种细节动作中看出破绽，在很短的时间内将事情还原到最真实的场景，绝对不会因为谁的一面之词而偏离了自己正确的判断方向。对于心虚的人，聪明的女人未必会点得特别透，但在必要的时候还是会暗示对方自己虽然不在场，但未必什么都不知道，并以此警示今后这种事情再不要让她看到。

2. 摸鼻子说的话很有可能是假话

每个人的内心都会是一张复杂的网，因为种种原因从嘴里说出来的话未必都是实话。尽管大多数人都说过谎，但没有一个人喜欢被别人骗。生活中，对于一些无伤大雅的谎话，很多人都抱持着一颗宽容之心，只要没伤害到自己的利益，随意地调侃几句，自己也就是听听而已。但对于影响到自己感情和利益的欺骗，大多数人都是无法忍受的，为此很多人都开始为如何防患于未然发愁。

何云倩与老公结婚有七年的时间了，一开始家里的生活状况并不乐观，但经过两个人的共同努力，手头也就慢慢宽裕了起来。等到老公开了公司有了自己的事业，何云倩想，这下苦日子终于熬到头了，但没想到的是在老公有钱后没多久，两个人的感情就出现了问题。

就在半年前，何云倩发现老公每天很晚才回家，出差也变得成了家常便饭。起初何云倩没有怀疑，觉得自己毕竟和老公经历了那么多风雨，还是很了解对方的为人的。她想：“肯定是这段时间生意太好，所以工作太忙了吧。”后是越到后面她越发现老公行踪这么诡异，恐怕事情没有自己想象中的那么简单。一次，老公说自己要出差一个星期，走了以后何云倩每次打电话，老公的手机都处于关机或无法接通状态。于是，她决定去老公的公司问问他在那边是不是出了什么事情。结果到了公司，她无意间听到一个小职员跟别人聊天，说老公昨天带着一个穿着妖艳的女人来公司找会计拿钱。一听这事儿，何云倩顿时如坠冰窖一般。

一个星期后，老公没事人一样回到了家。何云倩也同样装作没事人一样问老公电话为什么总接不通，结果老公边摸鼻子边说自己手机当时没电了，自己又忘记带备用电池，一忙也忘了充电。何云倩毕竟也是个经历风雨的女人，看到他的这番表情，半带冷笑地说：“毕竟咱俩在一块儿的时间也不短了，要是这点小伎俩我都看不出来，那这么多年跟你在

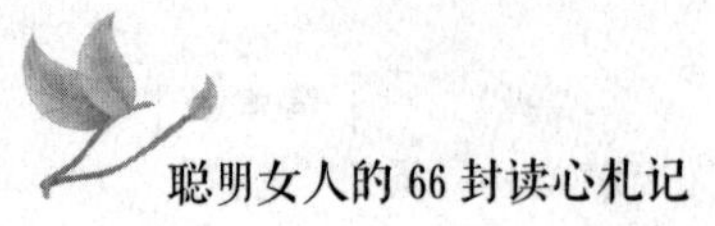

一块儿就是盲人。”随后她一把抢过老公的手机，上面还保存着几条对方发来的暧昧短信，这一下子抓了个正着，老公再也没有什么可解释的了。

生活中会有很多的无奈，但是也会存在很多的谎言，如果不懂得怎么样来识破别人的谎言，那么吃亏的总会是自己。对于识破谎言这件事，聪明女人最为关注的是细节而不是对方的言辞。既然就是奔着说假话来的，对方语言传达的信息在她们眼中已经没有一点价值，与其去听对方漫无边际的胡说八道，不如多花点心思好好观察一下细节，说不定就会有什么重大发现。

摸鼻子虽然是一个很小的动作，常常被别人所忽略，可其间的内涵绝对远没有你想象中的那么简单。人在经历不同的事情时，他自己的内心也在进行着自我调整，他们的意识动机会在第一时间表现在自己的动作细节上。尽管大千世界里会伪装的人很多，把假话当真话说得也很多，但是不是事实的东西永远存在着虚伪性。这种虚伪会随着欺骗的开始在人的内心制造着各种纠结和紧张，正所谓“人可以骗一时，但绝对不可能骗一世”，世界上没有不透风的墙，动作上的细节，就是对方谎言墙壁上最显而易见的裂痕，只要摸清了它的脉，最真实的一切也就跟着浮出水面了。

第5章

习惯绝非偶然

——那些不起眼的小事儿，往往都是心的写照

人的一生免不了要有点惯性作为，这些习惯虽然常常处于一种无意识的作为，却往往是人内心的一种真实写照。不起眼的小事儿往往揭露了一个人内心世界中最为隐晦的一面。因为小所以是一种真实的表达，也因为小所以常常难以引起别人的兴趣和重视。其实，生活中的举手投足都来源于我们内心的感召。聪明的女人正是通过这种感召看清了对方那少有人知晓的另一面。

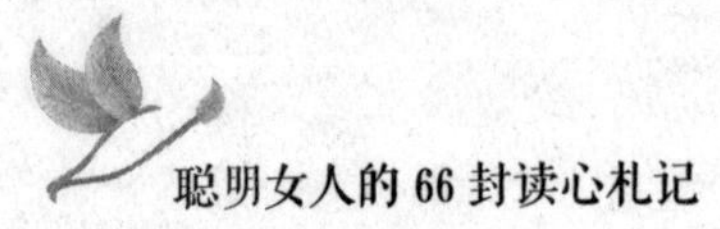

41 爱说脏字——他在表白心中的不满

在当代社会的语言生态中，脏话俨然成为某些人认知系统的“减压阀”。他们如同行走的情绪活火山，即便身处车水马龙的街头，喉头也会不自觉地翻滚着几个禁忌音符。这种语言异化的根源，实则是现代性困境下心理防御机制的扭曲表达。

心理学中的“宣泄理论”为此提供了注解：当个体遭遇结构性压力时，本我冲动会寻求突破超我桎梏的出口。某职场调研显示，78%的受访者承认在高压环境下会产生语言攻击冲动，而脏话正是其认知系统选择的“低成本宣泄方式”。这些喷薄而出的秽语，实则是心理能量在寻找释放通道的具象化表现。

这种语言习惯的养成，往往伴随着“认知惰性”的滋生。他们像困在玻璃罩里的仓鼠，既厌恶现实困境的逼仄，又惰于寻找建设性突破。某行为实验揭示，频繁使用脏话者的问题解决效率比常人低41%，其语言暴力实则是思维惰性的代偿机制。

聪明女性深谙与这类“语言暴徒”的相处之道。她们如同认知世界的太极高手，将脏话化为四两拨千斤的契机。某跨国企业HR总监在处理下属情绪问题时，总会带着人类学家的观察视角：“这些粗粝的语言外壳下，往往包裹着未被满足的情感需求。”她建议建立“情绪容器”机制：当脏话如弹片般飞来时，以包容姿态构建心理缓冲带。

这种包容绝非无原则的妥协，而是建立在认知制高点的降维打击。某情感专家指出，对待语言攻击者最有效的策略是“认知重构术”：当对方完成宣泄后，适时植入建设性话语框架。如同在混沌中搭建认知脚手架，帮助其在语言废墟上重建表达体系。

更深层的智慧在于将情绪废料转化为关系黏合剂。某科技公司女高管在培养团队时，特意设立“情绪释放角”，配备沙袋与涂鸦墙。三个月后，团队沟通效率提升 39%，那些曾经的“脏话先锋”成为最具执行力的攻坚手。这种包容性管理哲学揭示：给情绪以出口，方能收获理性的复归。

在人性幽微处，脏话恰似认知世界的警示灯。聪明女性懂得，真正的尊重不在于消灭差异，而在于理解每个灵魂都在寻找与世界和解的独特路径。当她们以包容之姿解码脏话背后的心理密码，往往能开启意想不到的沟通维度——那些曾令人蹙眉的秽语，终将在理解的光芒中蜕变为信任的基石。

42 总是想入非非——对未来抱有激情和期待

在当代社交语境中，存在这样一群认知世界的“语言诗人”：他们

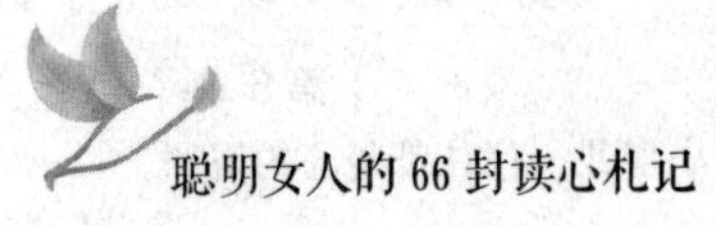

张口便是“馅饼会从元宇宙掉落”，闭口就是“要为吹过的牛申请专利”，这些看似荒诞的口头禅如认知烟花般绽放于日常对话。某社交媒体调研显示，73%的受访者承认曾被这类奇幻表达逗乐，却鲜有人读懂其背后的认知密码。

从心理学视角解构，这些“现实扭曲力场”般的语言符号，实则是心理防御机制的魔幻变体。他们如同认知世界的堂吉诃德，用语言长矛挑战现实之龙。某跨文化研究指出，这类人群的前额叶皮层活跃度比常人高29%，这意味着他们具备更强的情景重构能力——当现实压力袭来时，大脑会自动触发“认知逃逸”程序，将困境转化为语言游戏。

这种语言风格的养成，暗合着“希望经济学”的生存智慧。他们如同手持希望种子的播撒者，将每个荒诞表达都视为对未来的期权投资。某积极心理学实验表明，持续使用幻想型口头禅的受试者，目标达成率比对照组高出41%，这种语言自我暗示形成了独特的心理契约。

聪明女性深谙与这类“认知魔法师”的共舞之道。她们懂得将奇幻表达转化为情感纽带，如同将散落的拼图重组为认知地图。某科技公司女高管在团队建设时，特意设立“幻想提案日”，那些曾被嘲笑的“空中楼阁”，在头脑风暴中往往能催生出极具创造力的解决方案。

这种交往艺术的精髓，在于构建“希望共振腔”。当对方抛出“要在月球种土豆”的狂想时，聪明女性不会急于泼冷水，而是巧妙嫁接现实支点：“或许可以先在阳台试种太空椒？”这种对话策略既保护了幻想火种，又提供了落地的可能，如同在认知风筝线上轻轻收放。

更深层的智慧在于建立“成长型希望联盟”。某情感专家建议采用“里程碑见证法”：当对方实现某个小目标时，及时用仪式感强化其成就感。这种正反馈机制会使幻想型表达逐渐转化为现实驱动力，使交往过程成为持续的认知升级游戏。

在人性幽微处，这些奇幻口头禅恰似认知世界的棱镜。聪明女性透过光怪陆离的语言表象，看到的却是未被规训的思维锋芒。当她们以欣赏的姿态解码这些认知密码，往往能开启意想不到的协作维度——毕竟，在希望的原野上，最荒诞的幻想也可能开出创新之花。

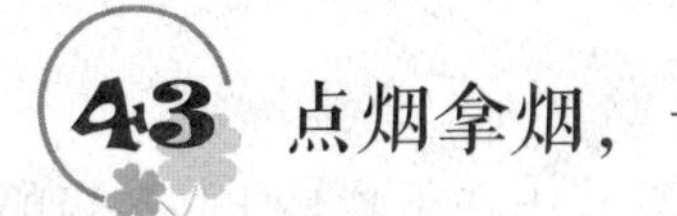

43 点烟拿烟，十个男人十个样儿

烟对于男人，似乎是介于零食与主食之间的物质。对于有烟瘾的人来说，一会儿不抽，嘴里就会像是缺少点什么，心里也感觉没有着落。下面我们就来看看男人拿烟动作中的动机吧。

1. 用食指和中指的前端夹住烟

在生活中，很多男人会选择用中指和十指的尖端部位夹住烟。这样的人在性格上有女性化的倾向，做事情比较关注小事情，对待事情都会小心翼翼地去完成，心思也比较细腻，生活中，总是会将自己的家庭或者是生活场所布置得很精致，不管是在什么时候，都会做出适合自己的举动。他们不会随性而为，做事情也都会掌握住分寸，不管是大事情还是小事情，他们都会踏踏实实地去完成，但同时这样的人内心往往缺少

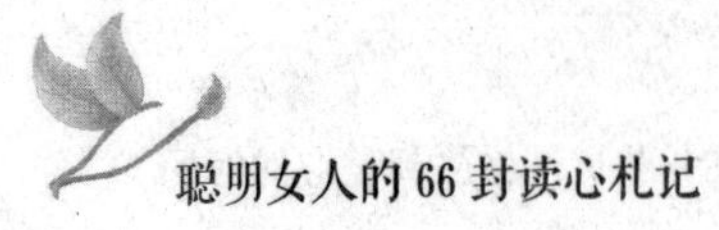

安全感，或者说总是害怕自己会做错事情，会害怕因为自己做错事情而影响到别人。当然，他们对女性谦恭有礼，非常有绅士风度，因此被他这种个性吸引的女人很多。

当然，在工作中，他们往往会优柔寡断，做事情不能够果断地进行决策，因此缺少一定的领导能力。虽然有的时候想法及理想都很不错，但却无法将那些想法及理想运用到实际中，或者说是个理想主义者。有的时候因为自己的理想或者是思想不切合实际，导致自己在做事情的时候缺乏积极性。他们更好的发展方向就是稳步前进，从小事情上做起。

2. 用食指和中指的深处夹住烟

这样的人，不管是在工作中还是在生活中都是比较积极的，能够很好地完成上级交给他们的任务。在生活中，这样的人对别人都秉持着热情的友好态度，待人接物有条不紊。他们做事情果断干脆，属于雷厉风行的那种人。他们想到什么都会马上去实施，绝对不会拖拖拉拉，更不会拖泥带水。一般来说，这种人责任心意识还是很高的，由于他们做事有干劲和闯劲，因此在事业发展上往往会比较顺利。但正是由于他们在工作上的业绩相当突出，因此很容易为自己树立强敌。

在生活中，他们会热爱自己的家庭和生活，因此，会很精心地为家庭创造好的生活环境。但是因为他们总是在工作中付出很多，会对家人缺少一定的关心，总是会让爱自己的人感受到孤独。同时，这样的男人往往是有一些大男子主义的，喜欢将自己的观点强加给别人，于是会让对方感受到强迫感的存在。

3. 用大拇指和食指夹烟

这样的人往往是那种不会隐藏自己内心秘密的人，所以也就是属于开放型或者是性格比较开朗的人。这样的人善于社交和与人沟通，因此，他们在生活中往往有很多的朋友，做事情也会得到朋友们的帮助，因为自己的开朗往往能够交很多的朋友，从而交际圈往往很广泛，但是在言谈上有的时候会表现得比较轻率或者是不值得别人信任。

他们在做事情的时候，态度常常表现得很积极，看似十分积极进取，但是往往不会落实到实际中，总是显得缺少热情，做事情容易半途而废，没有恒心，遇到困难更是容易放弃，做事情没有持久性。但是，因为他们喜欢与人交流，会常常给女性留下富有爱心的印象，从而这一点也会增加自身的魅力。他们在处世的时候往往带有很强的攻击性，警觉性很高，善恶分明，很容易接受朋友或异性朋友。但是喜欢或讨厌分得很清楚，喜欢时会主动与人交谈，与朋友共患难；一旦厌恶一个人的时候，会突然变得很冷漠，好像不认识一般。

4. 手指与手指轮流夹烟

有的人在吸烟的时候总是没有固定的手指拿烟，总是习惯轮流着拿烟。这样的人往往是属于精神不定性，他们没有办法对待一件事情十分地专心，更不会将自己所有的情感放在一个人身上，于是在生活中往往会变得比较敏感，对人也很难真正去相信。

但是在工作中，他们对于任何事的反应都是很强烈的，所以精神上一直不能很安定，工作中也是最容易出现大惊小怪的状况。而且身体的

状况也很不理想，往往身体素质是比较差的，由于这些情形，因此无论做什么事，都无法很如意地完成。在工作中，他们往往想要付出更多的心力，但是由于自己的身体状况，往往让他们想要得到的东西无法获得，因此，在情绪上比较低落和抑郁。

5. 嘴上叼着烟

女人们经常会看到一些男士，在吸烟的时候不用手夹着烟，往往会直接将烟放入口中，然后点着。这样的人属于轻率性，不管做什么事情都会从自己的角度出发，所以说哪里有事情发生哪里就有他们的身影。但是，他们比较容易相信别人，因此受骗的概率会很大。这样的人外表看起来是个很有执行力的人，但实际上是个很散漫的人，常常会对事情漫不经心，做起事来没有原则和章法，常常会因为过于散漫而给别人造成相当不好的影响。

不过在生活中，他们往往是比较感情化的人，在恋爱中属于既浪漫又主动的那一种，只要遇到自己喜欢的人，感情就会变得越来越专一，只要他们觉得这个女孩儿值得自己去爱就一定会不惜一切代价地去为自己争取。

聪明的女人从抽烟的姿势能够看清楚他的性格，因此，聪明的女人要想了解对方的内心世界，就不妨从点烟和抽烟的姿势上看透对方的内心。很多人抽烟只是为了缓解紧张、调节情绪，但是这也正是女人们了解对方内心的大好时机。

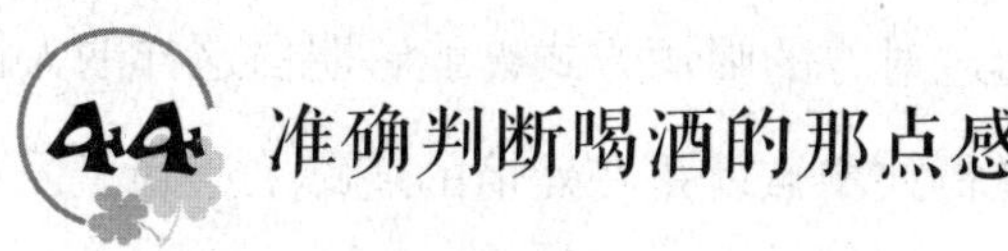

44 准确判断喝酒的那点感受

酒是能够给人带来快乐的美韵之泉，也是让人倾泻痛苦的抚慰之水，更是让人闯出祸事的魔鬼之井。总而言之，从古至今，酒文化记录了人世间太多的悲欢离合。由此可见，酒与人的心情是息息相关的。每个人饮酒的目的，对于酒杯的感情，饮酒过后重新审视世界的角度，或许都可以成为他们内心深处的一种真实写意。喝酒的原因不在于喝酒本身，而在于喝酒之外的意境。喝酒往往喝的是一种心情，也是一种媒介，是一种借口，更是一种美丽。当然喝酒往往能够让一个人发泄自己内心的不快或者是兴奋；可以让一个人壮大自己的胆魄；可以让朋友们的聚会充满快乐的氛围。喝酒的过程就是一个表露内心世界的过程，聪明的女人绝对不会错过喝酒的一瞬，并从中看出对方当下的心绪与性格。

1. 自己灌自己，喝得酩酊大醉的人

在生活中，我们经常会看到有的人喜欢和自己最好的朋友没有原因地去喝酒。他不会表明原因，当朋友问起为什么要去喝酒的时候，他们最多会说“心情郁闷”，可以说他们不想要表露自己的内心，但是因为某种情感压抑得自己很难受，于是选择和自己最好的朋友去喝酒。在喝酒的时候往往会没有酒令，自己灌自己，猛喝很多的酒，这样的人往往是有心事。当然，最终的结果往往是喝得酩酊大醉，而自己的好朋友往往成为送自己回家的“专车司机”。

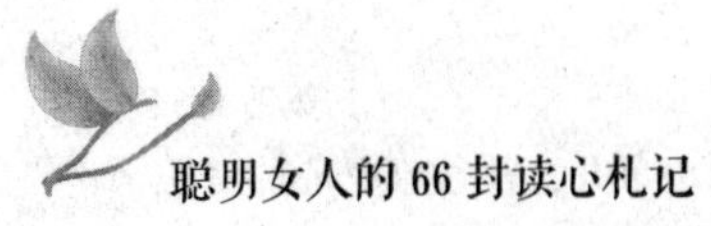

聪明的女人通过对方的喝酒方式，能够明白这样的人往往是在情感上遇到了挫折，说得狭窄点就是在爱情的道路上遇到了困难，或者是失恋的人。这样的人想让自己在醉意中，他们不想接受现实，于是选择喝酒缓解自己内心的伤痛。这样的人，往往是比较内向的人，他们不知道怎么说出自己内心的痛楚，同时也是比较坚强的人。但当他们面对感情这种问题，往往会选择消极逃避，这样的人往往会给自己内心增添很多的压力，而这些压力是他们不愿意让别人知道的。因此与他相处时，要尽可能地去倾听对方抱怨的苦闷，当他认为你已经是最了解他的人时，就必然会把你视为知己了。

2. 独自小酌，喝到微醉为止

在路边摊往往会有这样的人，他们一个人在路边慢慢地小酌，若有心事的样子，但是身边没有亲人，也没有朋友的陪伴，他们的下酒菜可能就是一盘花生米或者是两盘简单的凉菜，这个时候的喝酒往往会很慢，持续的时间很长，若有所思的样子，而所喝的酒往往是白酒，不会选择啤酒。因为白酒的香浓程度更加适合此时他们的心境。他们能单独喝一个小时，甚至更长的时间，但是不会让自己喝得酩酊大醉，而是一般会让自己喝得微醉，然后回家。

这样的人往往是因为在工作中或者是在家庭生活中出现了挫折。他们在工作中往往是脚踏实地，本本分分，但创新意识比较薄弱，他们只是懂得按照上级的要求去完成工作，而不会自己动脑子去想怎么才能把这件事情做得更好，因此很难博得领导的重视。或许因为生活中遇到了很多难以解决的问题，或是当下心情不是非常好，所以才会找个地方自己小酌放松一下心情，暂时将烦恼全都搁置到一边。这样的人往往追求的是比较安静和平稳的生活，物质需求并不大，只希望能够安安静静地过好自己的日子。在他们心中，平凡的日子才是最好的日子。与这种人交谈，聪明女人可以与他们说说家长里短，从中随意表达一下自己对生活的看法，尽可能地平淡一些，他们就把你当做自己的同道中人了。

3. 每天一小杯，找回生活情趣

生活中我们常常看到这样一些人，他们每天都会饮酒，但是每次喝得都不多，他们时而拿着半小杯红酒，依偎在沙发上，闭目养神，听着唯美的轻音乐。时而会满上一小杯自制的药酒，少量地喝上一点，然后看看电视、读读报纸，看上去很惬意的样子。这种人其实是最会享受生活、调剂心理的。尽管生活有着诸多不如意，每个人都要经历很多不开心的事儿，但他们认为既然自己已经来到这个世界上，就绝对不能亏负了自己。假如外面一定要历经坎坷，至少回到家中的这块方寸之地，自己找点乐子，适度放松一下也是未尝不可的。因此，他们每天都会喝上一小杯酒，这样可以调剂心情，也可以养护身体。毕竟生活情趣是第一位的，人可以没多少钱，但绝对不能没有了生活的乐趣。

与这种人交往，聪明的女人一定要表现出自己也是喜欢享受生活的同道中人。两个人见面的时候，公事一定要少谈，一起去看看演出，看看电影，或是在咖啡厅里小坐闲聊都是很不错的选择。与这种人相处，首先就要让对方觉得和你在一起很放松，大家可以一起去寻找一些惬意的事情去做，可以将烦恼搁置一边，尽情地在相聚的这一刻感受更多的生活乐趣。

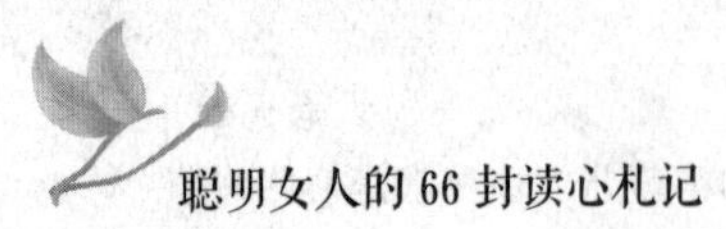

人们常说酒场上非钱即利，事实上并非都是如此。聪明的女人往往会从对方喝酒的场合和一起喝酒的对象来分析喝酒的原因，分析出对方当下的心情。饮酒的方式各有不同，面对人生世事的态度也差别各异。聪明的女人通过对方喝酒时的样子，就能够清楚地明白他们的性格以及当下的心情，并及时选择好与之进行进一步交往的策略。这一点无论是对自己还是对别人，都是大有好处的。

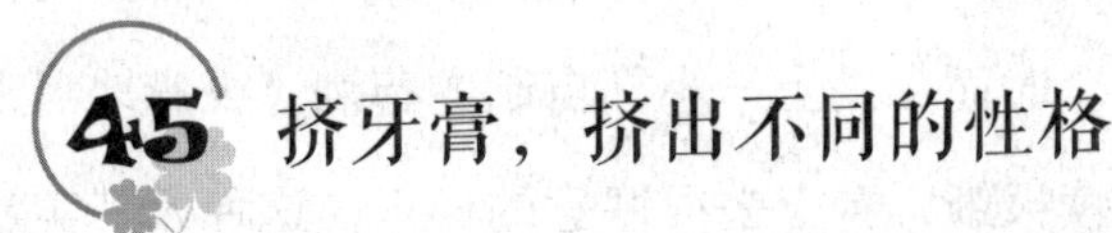

45 挤牙膏，挤出不同的性格

生活就是情绪和心态的变化路径，其中的点点滴滴甚至一个小小的细节，都能够体现出一个人与众不同的心境。我们不要小瞧了这些细微的小动作，在聪明人眼中一切都是大有学问的。单拿挤牙膏来说，虽然不过是每天都要做的一个小细节，却是一个相当不错的读心途径。在别人看来对方挤出的只是牙膏，而在读心女人眼中，他们挤出的却是自己的性格。

1.从牙膏管尾开始挤——为人谨慎小心

这样的人在挤牙膏的时候，习惯从牙膏的尾部开始挤，而且每次挤过后，牙膏管的形状总是前面鼓鼓的，后面扁扁的。这样从后往前使用，最终，牙膏底部往往会先用完，而前面总是十分满。

这样的人在工作中往往是比较谨慎的，他们做事情比较小心，并且有自己的目标，会朝着自己的目标前进，在工作中总是能够做到有条不紊。并且他们在工作中计划性比较强，能够很好地预知自己的下一个目标，并且他们会做好提前准备。这样的人也是比较容易成功的，他们在工作中常常具有危机感，所以说他们能够更好地战胜将要面临的困难。

与这种人相处，聪明女人始终要坚持一个原则，那就是有风险的事情千万别跟他们说。因为这种人很谨慎，假如他知道你时不时会进行一些风险比较大的投资，那么这种风险就会潜移默化地在他心里形成压力。即便你并没有打算与他有什么合作，他也会觉得你是个危险人物，早晚有一天会找上自己。时间一长，那颗谨慎小心的纠结就开始作祟，必然会促使他渐渐地与你疏远。

2. 从牙膏管口开始挤——没有长远规划

这样的人习惯先从牙膏管口开始挤牙膏，等到管口挤不出的时候，往往才会从后面一点点挤到前面，但是也不是从管尾部开始往前挤的，而是一点点地从前往后使用。

这样的人在工作中，往往只是重视自己眼前的利益，做事情没有章法，总是走一步算一步，对自己的目标没有规划，更加没有自己的打算，总是走到一步的时候再被动地面临下一步的挑战。这样的人，往往在工作中显得比较被动，没有自己的思想和主见，对自己的未来也不会多加考虑和思考，所以说这样的人往往是不容易成功的。

对于这种人，聪明的女人不会相信他们嘴里说的那些发大财的事，因为她们知道这些人眼中的机会往往都是没有经过客观验证的，与其跟着他为一些不靠谱的事儿玩命，不如好好地做些脚踏实地的事情。毕竟稳扎稳打的事情才是最放心的，即便对方走一步看一步，自己也不能顺着他胡来，最后耽误了自己不说，后面想回头也是难上加难了。

3. 从牙膏管中间挤——做事总善留后手

有种人习惯在整管牙膏的时候从中间开始挤牙膏，然后慢慢地从中间往前用，用完之后再用剩下的后面的牙膏。

这样的人，在工作中，往往会给自己留有发展的空间，做事情也喜欢给自己留有后路，尤其是在完成一项工作的时候，他们往往会做好双手的准备，思考如果自己成功和失败两种结局。因此，这样的人做事情往往缺少一定的定力，因为自己总是有后路可退，因此缺少一定的艰苦奋斗的精神。在困难面前很容易让自己的思想变得不够坚定，从而放弃自己的目标，因此，这样的人缺少坚定的信念，往往会因为自己中途放弃而失败。

与这种人相处，聪明的女人一定要多加防范，给自己预留一些余地。尽管有些时候对方说得斩钉截铁，事实上心中还是充斥着诸多不确定。之所以说得那么肯定，无非是想让你使劲往前冲，自己在那里坐收渔利，倘若事情真的出现问题，他是不负任何责任的。因为事先早就为自己预留了后路，所以真到危急时刻他会撤退得比谁都快，倘若这时候的你没有心理准备，恐怕吃亏上当承担责任的包袱就全是你接着了。

4. 没有规律挤牙膏——彻彻底底的利己主义者

有一种人在挤牙膏的过程中是没有一定的规律和习惯的，他们总是想从前面挤就从前面挤，想从后面挤就从后面挤，有时还常常要从中间挤那么几次，因此没有统一的规律和步骤可循。

这样的人，在工作中往往是比较随性的，不习惯受到外界的约束，因此，工作中往往不会顾及团队精神，缺少团队意识，所以这种人在人前会显得没有定力，但又不肯接受别人的意见和建议。他们往往不善于维系人脉关系，因此没有过多的交际圈子。他们常常只是注意到了自己的感受，却没在意别人心理上的变化。他们往往只是从自己的利益出发，不会顾及集体利益，因此很难得到领导的赏识和重视，因此成功的系数也就不那么大。

由于这种人过于自我，常常以自己为中心，是个彻彻底底的利己主义者，因此聪明女人要想和他合作、找他帮忙，就必须学会让出一部分利润。假如其中没有自己的利益在里面，这种人一般是不会做出什么仗义之举的。其次，对于大家一起完成的事情，聪明女人最好在事先有一个整体的逻辑，并与对方达成共识，合同为证，否则只要事情有了赢利的可能，对方很可能会不惜一切代价地占有你的劳动果实，大包大揽地把功劳全落在自己的手里，到时候假如没有文字为证，恐怕就只能干看着自己吃亏了。

聪明的女人通过不同人挤牙膏的方式，就可以非常清楚地摸清对方的内心。人们常说细节里面出真知，人生中的每一个细节其实都是我们灵魂深处的写照，只有真切地审视这一切，了解这一切，才会贴近对方内心的那份真实感，成就和聪明女人一样的读心高境界。

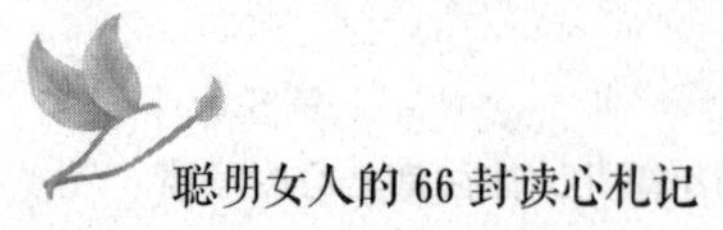

46 外表光鲜家中乱，往往内心更懒散

很多人注重自己的外在形象，认为只有具备一个完美的形象才能为自己赢得更多的机会，成为对方心目中最为重要的影子。但对于聪明女人来说，最具有参考价值的还是要先看看对方家中的情况。因为在他们看来，一个人是严谨还是懒散，并不能仅仅拘泥于表面，与其去琢磨怎么戳破对方形象上的伪装，不如直接绕到他的安身之所，即便是这里的一切并不会说话，但却早已经将所有的都大白于天下了。一个人只有在自己的家中才能彻底地放松回归到真实的一面，看明白了他的家，往往也就明白了他的人。下面就让我们抛开一个人的形象问题，看看在那一盘散沙中究竟有哪些不为人知的读心规律吧。

1. 外表光鲜客厅乱——不爱斤斤计较，生性大大咧咧

有的人在出门之前会将自己打扮得十分利索，或者是将自己打扮得光鲜亮丽。但是当人们走入他的家中的时候，往往会发现客厅很乱，东西乱摆成一团。可以说在客厅的地上根本没有下脚的地方，不管是小孩儿的玩具，还是自己日常用的东西，都摆在客厅里，乱成一团。

聪明的女人会发现这样的人在性格方面往往属于大大咧咧的人，在生活中不会斤斤计较，不会在意别人对自己的看法，他们总是喜欢按照自己的方式来做事情。生活中的他们往往会变得更加自由，追求一种随心所欲的感受，不会因为别人的观点而影响到自己的心情。

与这种人相处，聪明的女人首先就要秉持不较真的原则，不要过分挑剔对方，也不要过分在对方面前追求完美。毕竟对方是个随遇而安的人，说话不经过大脑的事儿应该是经常会犯的毛病。假如真的说了，就不要过多地琢磨对方是不是对自己不满意，事实上这种人有些时候说了什么他们自己都不知道，转个弯儿早已经忘得一干二净。假如自己生气了半天，对方还一无所知地跟没事人儿一样，哪天又傻呵呵地笑着拿着好吃的来找你玩儿，是不是会觉得自己有点太小心眼儿了呢？

2. 外表光鲜衣橱乱——条理计划性薄弱

有的人在穿衣服上有很多的讲究，因此，在他们出门之前会做很长时间的思想斗争，会因为自己的服装而花费很长的时间，因此他们的衣橱往往很乱。在每天挑选完衣服之后，往往会变得十分乱，但是因为自己形成了乱放衣服的习惯，从而也懒得去整理。

聪明的女人通过一个人的衣橱可以看到对方的真实性格，在这一方面，衣橱很乱的人，往往是没有太多计划性的，也不是那么容易提前做好准备。由于各种原因他们常常会在事情上拖延很多时间，尽管没有做什么，一天也会觉得自己很累，因此在很多事情上自己就开始力不从心。因此生活就开始越来越懒散，越来越缺乏计划、激情。对待这种人，聪明的女人首先会帮助他们化繁从简，找到解决问题的最佳途径，切实帮助他们找到省下时间的好方法，使他们感受到时间的充裕感，这样一来，他们就可以抽出时间更好地计划怎么利用这些省出来的时间，说不定时间一长整个人都会有一个相当不错的改观。

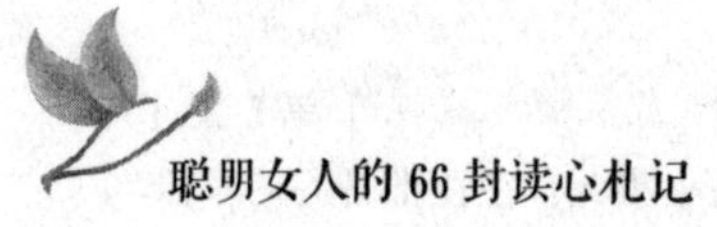

3. 外表光鲜书房乱——有学识却常被动

很多人喜欢看书，因此在很多家庭都会设立单独的书房，在书房中往往有一个人喜欢的书籍，但是很多人对书籍的管理和摆放往往是十分简单的，甚至自己看完之后总是形成乱扔的习惯，在下一次想要看同一本书的时候，却找不到放到了哪里。因此，书房的整法还是凌乱，往往能够表现一个人的性格，从对方的性格上往往能够体现一个人的内心世界。

如果一个人外表打扮得十分光鲜，但是自己的书房总是很乱，那么他在生活中，必然是一种比较随性的人，他们对于文字和艺术往往具备着一种灵性，遇到问题也能非常理性地进行思考；在品位方面，这种人绝对不会是逊色于他人的那一类。但由于自己行为懒散，所以常常会体味一种目标难以预期实现的纠结。由于他们追求的事情往往会比自己想象的要艰难，面对压力却难以承受太多，因此在工作上他们总是表现得比较被动，工作效率也开始低起来。

对于这种人，聪明的女人可以跟他一起探讨事情和人生，由于他们对于事物往往会站在一个全局的大方面去考虑，因此眼光往往能够预测到未来发生的事情，倘若能有效地利用这一点，自己应该会是大有收获的。对于对方目标难以预期实现这件事情，聪明的女人应该尽量地对其抱有宽容态度，毕竟他们对于自己文字很敏感，往往所有的一切都会倾注在文字上，写东西和思考必然是需要比别人更长的时间。毕竟文字是不能与时间画等号的，倘若你能够适当宽限他，说不定不久的将来他就可以为你呈现出一份别具一格的精彩。

4. 外表光鲜阳台乱

对于很多人而言，阳台往往成为自己的储物间，很多人会在阳台上摆放一些暂时不用的东西，只是留下一小片地方用来晾晒衣服。而有的人的阳台上没有那么多的东西，但是看起来很乱，好像是很长时间没有打扫过一样。

对于在阳台摆放东西的人来讲，往往在生活中是比较懂得安排时间和空间的，是一个比较实际的人，总能够做好属于自己的工作，在家庭生活中往往是一个十分顾家的人，也是一个会生活的人。在工作中，他们往往会变得斤斤计较，一旦有危及自己利益的事情发生，他们都会变得十分谨慎和小心，所以说这样的人，总是很吝啬。对于这种人，聪明的女人千万不要太与其计较钱，时不时地吃一点亏，比如吃个饭聊个天替他买单也未尝不可，但大的合作最好不要跟他谈，否则真到了赢利出现，对方斤斤计较起来，恐怕局面很难收拾，不欢而散或许从一开始就成为定局了。

聪明的女人不会只是看到一个人的外表之后就断然地对一个人的性格下结论，她们更加关注的是对方的家庭。家中的散乱与整洁不仅仅是一种卫生的问题，也是一个人性格和逻辑的真实体现。聪明的女人往往会从中看出端倪，透过对方光鲜的外表，直接看清那个他们藏匿在家中的真实自我。不管一个人严谨也好懒散也罢，最终要的还是他们内心的那份真实，聪明女人读心的目的恰恰就是验证自己的双眼，也验证了自己意识中认为的那份真实。

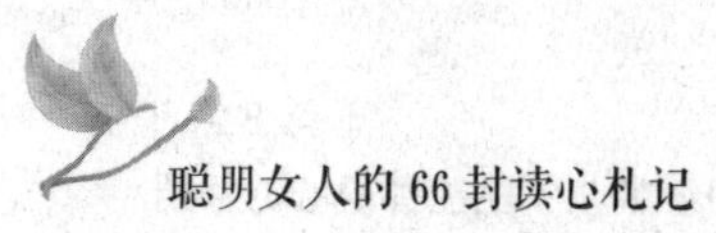

47 运动时间安排不同，运动心理也各异

尽管每个人都知道运动对于自己的重要意义，但他们选择的运动时间却各有不同，不要觉得那仅仅是因为每个人空闲的时间不同，事实中这里面暗藏着诸多各异的运动心理。聪明的女人往往会通过这些小现象看清对方的心绪和思想，从而有效选择与之交往的最佳方式。

1. 清晨锻炼——只为一天好心情

生活中人们经常会认为，清晨是运动的最佳时间。尤其是在春秋的早上，天气不冷不热，抬头看到初升的太阳，必然会经不住太阳的诱惑。正所谓一日之计在于晨，穿上运动衣、运动鞋到楼下的小区散散步、遛遛狗绝对是件陶冶性情的事情。清晨锻炼往往会让一个人的心境变得更加轻松和舒畅，因此选择在这个时间运动的人多半是懂得享受生活的，他们喜欢从生活中的点点滴滴感受到生活的美感，对待生活也是非常地细心谨慎。聪明的女人要想与这样的人成为知己朋友，首先就要成为一个享受生活、愿意与别人分享生活美感的人。清晨时期，一起相约到外面散步，闲谈一些自己最近经历的好玩的事情，一回生二回熟，慢慢两个人就可以成为一日不见备加想念的知己了。

2. 下午锻炼——为了健康，为了生意

一些人会选择在三四点钟的时候出来锻炼，这时候的人往往会选择

一些轻松的运动方式，目的就是为了让自己的身体健康一些。在这个时段出来运动的人一般分为两种，一种是工作得太累，脑袋思维放缓，所以才会出来透口气；另外一种是出于商业人脉交流目的与客户一起到一些专门提供运动的场所边运动边聊天。作为一个聪明的女人，假如在这个时候收到别人一同运动的邀请，不用对方多说，一般就已经知晓他们邀请的目的是什么。尽管进行的主题是运动，但并不是说每个人选择运动这件事都是为了保持自己健康的体魄。对于很多有事业心的年轻人来说，商业目的往往都是大于健康目的的。假如自己想要靠近这样的人，首先就要先练就提起对方商业兴趣的能力，倘若两个人都是做事的人，那么即便不是在运动项目交流下，大家也会有很多共同话题。

3. 晚上运动——压力过大，需要排解

很多人喜欢在晚饭后或者是晚饭前出来运动，而做得最多的运动就是散步。人们工作了一天，想要让自己的内心得到放松，有的人因为一天的工作让自己变得很累，于是会选择利用这个时间出来运动，在运动之后会趁着运动的身体疲劳而入眠。这样的人多半有着很繁重的工作压力，他们需要让自己可以活得更轻松一些，他们在生活中多半都是极具坚强耐性的人物，对待自己要做的事情往往都具备一种锲而不舍的精神。与这种人交往，聪明女人会采取在最恰当的时间谈最恰当的话题。工作时间就好好地谈工作，非工作时间尽量不要涉及工作方面的事情，以免使对方好不容易轻松下来的心再度紧张起来。其实，每个人都需要在压力问题上进行自我排解，假如你可以让对方的心静静地放松下来，适时营造一种轻松活跃的气氛，他必然会对你的理解感激不尽。

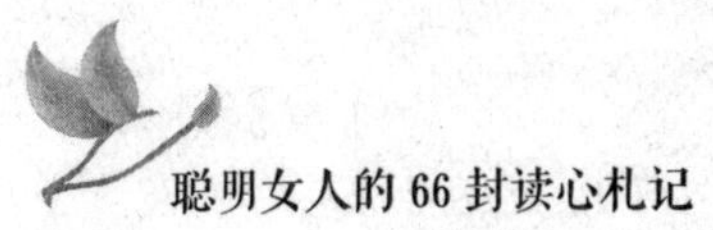

48 酒宴吃相，将内心暴露无遗

我们经常会听老辈人教导我们“吃饭要注意自己的吃相”，要知道优雅的吃相给人的是一种美的感受；而不够文雅的吃相，不但会给人尴尬的感觉，同时也是影响你的形象的罪魁祸首。尤其是在很多人聚餐或者是在酒宴中，更是要注意吃相的美观和优雅。当然，不同的吃相，当然会体现出不同的性格，这一点是难以改变的。

在生活中，一个人吃饭的偏好往往也会先是一个人的内心世界。早在170多年前，法国美食家布里亚—萨瓦兰就关于人们吃什么和一个人的吃相做了一个简单的心理学分析。他发现在酒宴中喜欢吃肉和土豆的人大多是特别重视传统的人，这种人做事情十分地讲究规则，对自己的要求也很严格；而喜欢吃快餐和常去光顾小吃摊的人，可能是性格容易急躁者，做事情比较偏激；那些喜欢在客厅吃饭的人大多是真正顾家的人，他们懂得享受来自家庭的幸福；而愿意在厨房吃饭的人，他并不反对同其他人分享生活中的这一美好时光，他们往往属于乐天派。通过不同的地点和不同的吃相，都能够让人们看透对方的性格和特征。

1. 狼吞虎咽——不拘小节，仗义直爽

在生活中，我们经常会看到一些人不管是在公共的聚餐上，还是和几个朋友一起吃饭，他们总是狼吞虎咽，大口大口地往嘴里塞，餐具与餐具之间碰撞的声音，食物与牙齿发出的声音，汇成巨大的声响。看他

们吃饭似乎是在跟食物打仗，又感觉他们像是很多天没有吃饭一样。他们将饭菜送到嘴里，似乎还没有咀嚼，就已经提前让食物去跟胃打招呼去了。

这种狼吞虎咽的吃相，如果是在公共的酒宴上那就有点不合适了。这种吃相不但毫无优雅之态，还会让坐在他左右的人感到尴尬。而这种人往往是眼界不够开阔的人，或者说是很少参加一些商业性的酒宴，他们不懂得什么是酒桌上的礼仪，但是他们做事情都比较直爽，没有多少心机和花花肠子。聪明的女人与这样的人交往，不要避讳“有话直说”的交流方式，他们喜欢明言明语、真刀真枪。如果你总是用隐晦的话来跟他们交谈，那么他们往往会真的不知道你在说什么。不过，此类人很正义和讲义气，对待朋友能够“拔刀相助”。当然，聪明的女人要想跟他们成为朋友，就真诚以待，如果你无法做到真诚，那么他们是不会理睬你的。

2. 细嚼慢咽——善要面子，注重形象

很多人在餐桌上很注意自己的形象，拿筷子夹菜也是慢中求稳，生怕自己夹的菜掉到桌子上。更害怕自己的餐具发出声响，就连咀嚼食物也是没有任何声响。他们吃饭时会小心翼翼，将菜一根一根地放到嘴里，然后让牙齿和食物产生共鸣之后，再将食物送到胃里。

吃饭姿势优雅之人多半做事情比较谨慎，他们在生活中不管是做什么事情都会很注意自己的形象，也就是“面子”。这样的人自尊心很强，因此，懂得读心的女人自然要注意对方的“面子”问题，不要因为自己的言行不妥当而让对方丢失了面子，这样一来，如果再想要和他们成为

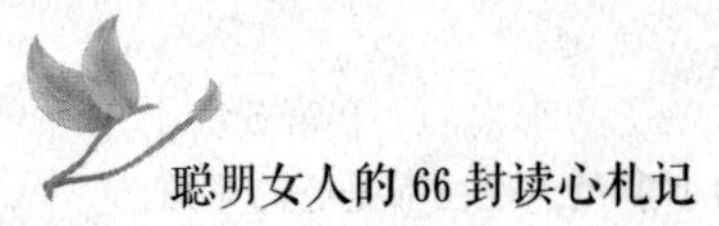

朋友，那将会是难上加难，所以说聪明的女人与这样的人交往自然会注意自己的一言一行。

一个人的吃相往往会影响到一个人的习惯。有人喜欢把好吃的东西尽快塞入自己的口中，这样的人被视为神经极为敏感，做事情总是寻找对自己有利的目标。有些人则习惯将碟子中最好吃的东西拈起，再不慌不忙地放到嘴里，这种人往往相当自信，做事情有条不紊。聪明的女人懂得利用餐桌这个绝佳的环境，通过人们吃饭的速度、选择的食物、吃饭的声响、饭量、饭后桌子上的情景来分析对方是什么样性格的人。因为，不同的吃相往往代表着不同的心理变化，只有认真地观察，才能够真正找到走进对方内心的窍门儿。

第 6 章

兴趣背后藏真相

——别忽略个人的小偏好，它是识人的“一把手”

每个人都有自己的兴趣爱好，而这些爱好往往都代表着他们内心的一种追求。会读心的聪明女人从来不会放过对方的兴趣爱好的细节，而是会透过他们感兴趣的话题走进他们的心灵世界。一个人只有在自己喜欢的事情上才会显露出真实的心性，当他们的眼中闪出惊喜的光芒，一切的内在情绪就会不由自主地调动出来。那绝对是聪明女人读心的最佳时刻，尽管那不过是短短的一瞬，但在聪明女人的面前，一切性格、心态、观念、情绪都了然于心了。

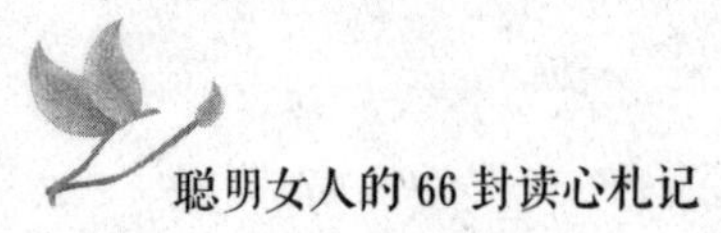

49 音乐里包含着音符，也包含着心理

这个世界上没有百分之百对音乐没有反应的人。假如这个世界上没有音乐，那么人们内心的思想必将缺少了一种最唯美的表达方式。音乐带给一个人的并不仅仅是享受，还是一种自我性情的陶冶，以及不良情绪的宣泄。或许从一开始，音乐就与人们的心理结下了不解之缘。在聪明女人眼中，音乐包含着的不仅仅是音符，也包含着一个人在情致性格方面上的心理反应。她们会随着音乐的美感，走进他人的心灵，并最终成为这个世界上懂他们的人。

1. 轻音乐——性格宁静者的灵魂归属

生活中常常会看到一些人回到家的第一件事就是打开音响，发出自己喜爱的唯美曲调，然后端起一杯红酒，一个人窝在沙发里闭目养神。这种人往往很在意生活的品质，常常很珍惜一个人独处的时光。尽管在很多人眼中他们是善谈的、活泼的，但在他们自己的内心深处却有着一个相当广阔的私密空间。这片领地仅仅属于他们自己，只要有时间，他们就会一个人在这片内心的圣土上安逸地待上一会儿。这种人始终向往着宁静的生活，虽然平时工作很忙，但在他们心里自己早晚有一天还是要回归恬静的。

对待这种人，聪明的女人往往会与其交谈一些返璞归真的话题，例如古人在归隐时期最喜欢做的事情，或是一起品杯清茶，畅谈一下人生的感悟，或是有机会一起到郊外山间踏青赏花。总而言之，生活还是越自然越好，假如你能够让对方感受到你对于自然的倾慕与自己相同，相信话题肯定是少不了的。

2. 动感音乐——乐观幽默者的情绪表达

有些人在生活中特别喜欢动感音乐，不论是在上班下班的路上，还是在私家车的车厢内，甚至是在自己电脑的存歌库里，到处都能见到这种音乐的影子。它们动感充满激情，时常表达着歌者内心情绪的一种宣泄。喜欢这种音乐的人大多是对生活充满激情的人，在生活中他们常常表现得乐观而充满幽默感，善于张扬个性，崇尚别具一格的人生。因此，这种人常常会是一些冷笑话的制造者，即便是内心存续着一些不满，也绝对是会以一种自我调侃的方式将这一切展现在别人面前。这样的人虽然有时表面上看吊儿郎当，但内心深处却存续着相当强大的力量。这些力量不断地充斥着他们的理想，使得他们即便遭遇挫折，也能摆出一副不过如此的架势。

对于这种人，聪明女人与之相处的时候，会使自己尽可能地活跃起来，她们会尽可能对他们的调侃报以肯定宽容的态度。由于这种人常常说话带有一些半开玩笑的韵味，动不动喜欢随意地拿别人开涮，甚至做出一些难以让人理解的非常之举。因此在很多古板的人看来，他们绝对是难

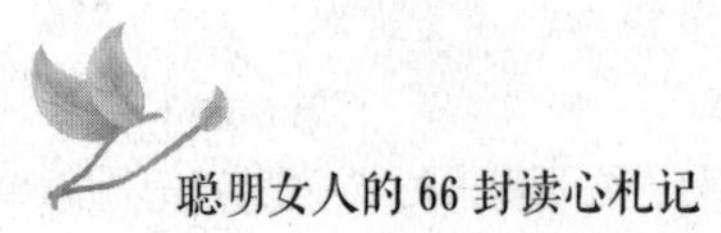

以登大雅之堂的人。但对于聪明的女人来说，他们却是极其富有激情的一群人，只要彼此能够给对方带来希望，打消相互的不信任和难以坚持下去的消极倾向，相信整个合作的过程将会在一片笑声中圆满结束的。

3. 古典音乐——怀旧气息浓重者的最爱

时下工作压力日益繁重，除了上述两种音乐偏好者外，还有一种人的生活似乎永远都笼罩着一种复古的情结。他们崇尚古典韵味的音乐，神色总是淡定而舒缓。在他们的家中处处都摆放着一些淘换来的旧时物件。即便很多都不是什么值钱的稀罕物，但他们也会尽可能地把它们收集存放起来。这种人往往都是崇尚古代生活方式的人，在他们的内心深处有着一种恋旧情结。他们喜欢回忆过去，喜欢去了解历史背后的真相，事情越是古老，东西越是陈旧就越会吸引他们的目光，使他们内心充斥着一种不为人知的好奇与欣喜。

对于这种人，聪明的女人会经常与其一起分享自己听过的一些老故事，或是与之一起结伴同行去参观一些当下最为知名的古玩展览。在送礼方面，聪明的女人一定会为他们选择一些复古情结比较浓重的小礼物，不管是一些具有民族本土特点的小装饰，还是一些具有复古情结的小挂件，总而言之能够勾起对方复古情怀的东西往往都会让他们一见倾心。只要对方把你纳为同道之人，那么后面的相处与合作将会是非常顺利的。

有人的地方必然就会有音乐，音乐来自久远的年代，随着人们内心情绪的变化而不断地更新换代，最终被分类成了各种各样的形式。其实音乐本身就是对人们性格的一种锻造，表达的是人们内心的情怀，喜欢它的人必然是出于对自己情感的感召，符合自己内心世界的强烈渴望。

聪明女人对音乐往往有着相当敏锐的洞察力，她们透过音乐看透人心，也看透了当下那个真实的世界。其实每个人的心都是一扇紧闭的门，而音乐或许就是打开这扇感性之门的钥匙。聪明的女人利用这把钥匙走进了对方的内心，了解到了一个人内心深处最向往的一切。当然，就在那开启的一瞬，她也同样被这颗心真诚友好地接纳了。

50 杂志类型五花八门，读者性格也各有千秋

杂志种类繁多，里面的内容风情万种，记录着人心百态和人们每天都在经历的方方面面的事情。打开一本杂志，不论里面讲述的是感人至深的故事，还是最为实用的技术知识，总而言之，只要它存在就必然是已经满足了不少读者的阅读需求。他们为什么会对这本杂志一见倾心？究竟里面讲述的事情给他们的内心带来了怎样的影响？究竟这一切与他们的性格有没有实际的关联呢？聪明女人会用她们的一双慧眼，用心地去审视每一类杂志的读者群体，透过对方手里的杂志探明其内心的性格取向，从而恰到好处地寻觅到贴近对方心灵、赢得对方好感的话题，使对方在最短的时间之内向自己敞开心扉，将她们看成相见恨晚的知己。

1. 时尚杂志表露时尚的内心

关注时尚杂志的人往往都有一颗爱美的心灵，他们喜欢追随时尚的

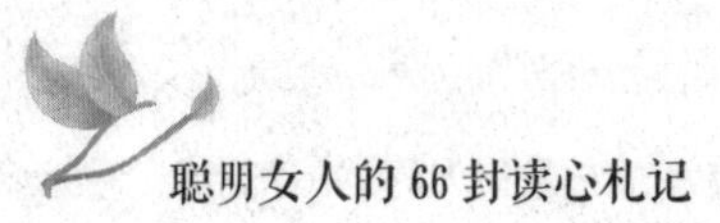

脉络，喜欢不断地接受关于美的新鲜事物。他们害怕自己有一天会过时，害怕有一天自己不再具备引人注意的能力，不再有资本向别人展示那个别具一格的完美自我。这种人的内心是追求完美的，是渴望与时俱进的，是害怕老套陈旧的。对于美他们有着自己独到的理解，关注时尚不过是渴望拥有一颗永不过时的时尚心灵。他们常常外表亮丽，心态年轻，对于形象美极为重视。与这种人相处，聪明的女人必须将自己融入他们时尚的氛围，不断地收录一些关于美的时尚资讯，时不时地与他们一起分享自己对于美的理解，以及色彩搭配方面的独门绝技。只要大家有了共同的话题，对于审美艺术能够产生很多共鸣，那么他必然会对你这个人产生浓厚的兴趣，并愿意花时间与你进行更多的交流，以此来避免自己赶不上时代潮流后的那份失落。

2. 财经杂志表露缜密思维

很多人喜欢财经杂志，尤其是一些职场中的男士。你就要知道这样的人总是在一定的范围内有着经济头脑，或者是他们渴望自己在经济收入上有所突破和增加，看财经杂志或许就是为了让自己寻求到新的生财之道。当然这个时候你也可以猜对方的身份，对方可能是一个商人，并且有着成功的事业，对方之所以看这些财经方面的杂志是因为他需要了解财经动态，从而让自己的事业发展得更好。另一种人之所以看财经杂志是因为他希望了解当今的经济发展形势或者说了解当今行业发展趋势，对方在事业上不一定有多么辉煌的成就，但是他有着奋斗的心理，希望自己能够奋斗成功，所以才会关注经济方面的发展情况。

看财经杂志的人，多半不乏竞争或者是防范对手的意识，因此这样的人往往有着不为人知的心思，同时也是一个事业心很重的人。聪明女人要想与这种人和谐相处，首先就要肯定对方是一个做事的人，而不是只会夸夸其谈无法把事情落到实处的人。同时在与之进行交流合作之前，一定要认真细致地进行准备工作。由于对方思维缜密，对社会经济资讯可谓了如指掌，假如这时候不能说出一些令其信服认同的数据信息，恐怕他们是很难对你秉持绝对信任的。

3. 生活杂志透露生活情趣

居家和饮食方面的杂志在生活中自然也经常会看到，很多人注重生活的质量，因此往往会关注这类杂志比较多一些。当你看到一个成年人或者说是一个中年人喜欢看饮食方面的杂志，当然这一部分人群多是女性，那么对方可能是一个简单的家庭主妇，之所以看这些杂志是想要为自己的家人做出可口的饭菜，为的只是自己的家人能够健康。

看这样杂志的人往往是顾家的人，他们的生活中总能够充满家的味道，无论是做什么事情都能够感知到家的力量。聪明的女人要学会投其所好，不妨与对方谈谈家中小事或者是生活中的小窍门，没准儿你们自然而然就变成了朋友或者是生活中的密友。

生活就像是五颜六色的彩纸，每个人的内心都会象征着一种颜色。如果你想知道对方内心涂抹的是怎样的色彩，就一定先要想办法走进属于他的那个世界。杂志代表着一种文化，也代表着对它青睐之人的性格。那五花八门的杂志，就好比人们色彩各异、各具特色的内心，想要读懂它、了解它，就要先从藏匿在他们内心的那份内涵入手。聪明的女人正是读懂了每个人心中书写的那个真实的自己，才会如此准确地分析出他

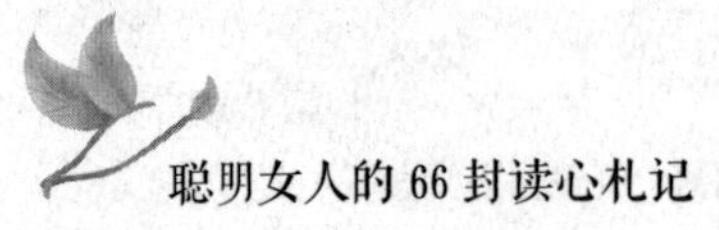

们当下的心情和未来可能要发生的事。

51 去什么地方旅游，传达什么样的向往

人的一生必然会有无数个非常想去的地方，也许这辈子并不属于那片土地，但总是有一股强烈的好奇心不断地燃烧着我们心中的远足之梦，将那片辽阔的地域化为自己内心魂牵梦萦的神圣之地。人们常说：“人的脚步迈向哪里，他的心也就会跟着去向哪里。”尽管人们心中的旅游之梦有千万种，每个人想去的地方也是地域各异，但这些内心向往的地方必然是由每个人不同的心性决定的。正所谓，去什么地方旅游，传达的就是什么样的向往。聪明的女人会通过对方最想去的地方，看清他们内心向往的方向，从而更为准确地知晓他们的性格，明晰他们生命中最为真实的个性特质。

1. 农家小院彰显田园生活

很多人从小就生活在城市中，城市中的繁华与嘈杂让他们感觉到生活中少了份自然。当他们每天面对的都是汽车与高楼大厦、人来人往与油漆路，这个时候他们希望自己的生活中多一份恬静，希望自己能够生活在大自然中，他们希望从自然中寻找到内心的清净与平静，让自己的内心变得不再那么浮躁与不平。尤其是当一些人希望去农家小院品一品农家酒，吃一吃农家饭。于是很多人会选择去一些具有特色的山间农家，一边欣赏秀丽的自然风光，一边享受农家的那种恬然。

想要让自己享受农家生活，享受那种“采菊东篱下，悠然见南山”的释然与心境，必然会选择没有嘈杂存在的农家生活，那里往往拥有着自然的秀美和无人打扰的情景。

这种人多半是平时工作压力比较大之人，他们从小生活在城市，很少有机会享受田间自然风光和农家生活，于是会选择在百忙中去这些地方旅游。而懂得读心的女人，自然不会放过这个机会，看透对方内心的向往与追求。与此类人交往，需要懂得一些农家生活的常识，这样在与对方交流的时候，你才能显现出自己的不同。

2. 奢华的城堡彰显内心的那个国王梦

对于很多富人来讲，他们喜欢去国外旅游，尤其是会选择去一些古老的城堡。比如说很多人会选择去法国的一些有历史文化的地方旅游，在那里多半是古代国王的生活写照，从中他们往往想要体味到古代国王们生活的奢华与华美。或许在他们的一生中是不可能享受到这样的生活的，但是他们希望通过自己的旅游来让自己内心得到一丝丝的满足。

每个人的生活都是各不相同的，有国王梦的人们其实不在少数，这说明他们希望自己拥有更加舒适和奢华的生活，希望自己的生活变得更加富有。当然，这样的人占有欲比较强，他们希望自己占有的是最多的。在情感方面也是一样，他们希望自己在占有别人情感的时候，能够得到别人的信服和折服，他们不会轻易地让自己屈服，在遇到矛盾的时候，希望其他人能够主动地去折服。

面对这样的人，聪明的女人需要的并不是坚决地反抗，需要的是婉转的语言来为自己的观点做支撑。如果一个女人不懂得婉转地做事情，那么必然会和此类人发生矛盾和冲突。当然这类人最需要的就是面子，如果对方感觉到自己的面子受损，那么自然而然会远离你。

3. 沙漠险滩述说着个人的冒险情怀

有些人一说到旅游，总是会一下子想到埃及金字塔，或是塔克拉玛干大沙漠，或是一些藏匿着诸多神秘感的地域。这种人对世界万物往往藏匿着相当强烈的好奇心，觉得人生总是要经历几次探险才会变得异彩纷呈。这种人在事业上往往会做出很多大胆的举措，而且应变力极强，思维敏捷，眼光犀利，因此很容易做成大事。但由于这种人猎奇心重，冒险心过于强烈，只要失手必然就是一个大的灾难。

因此对于这种人，聪明的女人一定要慎重地与他进行交流沟通，保持好敏锐的判断力，适当地规避与这种人合作中的投资风险。作为女人，人生不是一场赌注，不管别人的人生是输是赢，也绝对不能把自己赔进去。伸缩有道，有进有退才是与这种人最好的相处之道。

每个人都会对自己得不到的东西无比的向往，常常映入我们脑海的唯美景观，说不定就是自己性格的一种趋向。聪明的女人会与你一起畅想，一起交谈，一起去感受彼此内心深处那景色的唯美。然而一场交谈过后，大多数人都会向她敞开心扉，将最真实的自己坦言相告，而这时候的她也已经听到了你内心深处的向往，愿意以良师益友的身份与你一起分享生命中的喜怒哀乐。

52 收藏物品千奇百怪，性格偏向各有不同

任何一件收藏品对收藏者而言，都是有着非常重要的意义的，它可能是对过去生活的一段总结和记录，也可能是对一种事物的向往和追求。不同种类的收藏品，都会透露出收藏者的性格与内涵。

对于聪明的女人而言，这些小物件除了新奇好玩儿，往往还蕴涵着很多特殊的含义。当它们的主人拿起一个个令自己颇有成就感的胜利品时，他们的内心便绽放出了少有的绚丽色彩。是的，小小的物件寄托了他们人生中太多的感情，也将他们真实的性格表露无遗。懂得读心的女人自然会通过对方的这种心情，看透对方的内心向往，从而读懂他们的故事，也看清了他们渗入骨子里的那些特质。

1. 收藏邮票的人多半保守

生活中，经常会遇到邮票爱好者，他们总是欣喜地将一张张的邮票存在邮票夹中，每张邮票对于他们来讲都十分地重要，他们了解每张邮票的意义和内涵，同样地，当他们获得了一张新的邮票，内心自然又是一种欣喜。他们在生活中多半属于保守派，做事情相当地谨慎，生怕因为自己的一点小毛病而影响到别人。在工作中更是一个安分的人，不追求冒险精神，保险为上。但是绝对不会随意行事，很注重自己的形象，不管自己做什么样的事情，都会保全自己的形象，避免给别人留下不佳的印象。

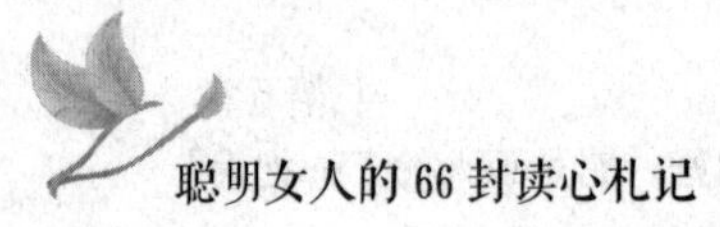

与此类人交往，要懂得同样地谨慎，避免自己莽莽撞撞。如果你总是莽撞行事，不顾及对方的感受，那么最终对方不会信任你，会认为你是一个比较轻浮之人。懂得读心的女人会利用自己的稳重与内敛让对方信任自己，从而达到交往的目的。

2. 收藏服饰的人多半时尚

或许你会觉得这样的人很少，但是不得不承认存在这样的人。他们总是喜欢收集新款的服饰，有的人是对一个品牌特别地钟爱，只要是有新的款式就会买回来；而有的人是对一个民族的服饰特别地钟情，只要是和这个民族文化有关的服饰，他们都会毫不犹豫地买回来收藏。这样的人多半集时尚与开朗于一身，做事情讲究的是干脆利索，不喜欢拖泥带水。

要想和这样的人成为朋友，懂得读心的女人必然也要懂得一些时尚，如果你不懂得衣服的搭配或者是不在意自己的形象，那么对方自然也不会多加在意你的存在，反而会忽视你。

3. 收藏理财产品的人多半利益为上

很多人收藏理财产品多半是为了能够保值或者是升值，比如有的人收藏钱币就是希望能够等到升值的时候获得更大的经济利益。在商品社会中，收藏人的收藏活动，大多受着保值、增值心理的影响，这也是很正常的事情，这样的人多半有着很灵敏的商业头脑和经济头脑，对待将要来到的机会会很好地把握，从而事业的成功在他们身上体现得会很顺利。

聪明的女人与这样的人交往需要的不仅仅是热情，更多的是拥有智慧的头脑，要懂得去了解与对方收藏的理财产品有关的信息与知识，这样才会有共同语言，才会拉近彼此之间的距离。

每一种性格都会有外在的体现，不同的物品自然而然会体现出不同的心境。爱好收藏对于很多人并不是只用“兴趣”两个字就能够简单地概括，因为每一种物品的收藏都会展现一种情结。这种情结或高贵或单纯，懂得读心的女人会通过每件收藏品来看清对方的本质，从而在瞬间推开他的心门，成为他内心之中的那个重要角色。

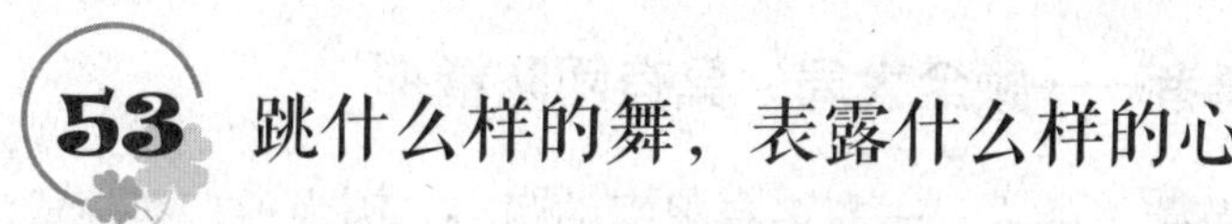

53 跳什么样的舞，表露什么样的心

舞蹈是一种很高雅的文化体系，当然对于舞蹈的分类，也是各有不同的。有的人将舞蹈分为专业舞蹈和时尚舞蹈，但是不管是什么舞蹈，都能够彰显一个人的内心世界，这一点是无从改变的。一名爱好舞蹈的人，在表演的时候，其肢体动作应该能够与内心感知合二为一，达到传神达意之效果，感受到舞蹈艺术所表现的精神境界。由于自己在翩翩起舞的时候，往往保持着形神的一致，因此聪明的读心女人往往会在他们起舞的那一刻看清他们的性格和那藏匿在灵魂深处的真实。

1. 踢踏舞者——不畏挫败，珍惜时间

喜欢跳踢踏舞的人，多精力充沛，做事情讲求有始有终，当然，他

们总是有很强烈的表现欲望，希望能够引起他人的注意。在遭遇挫折和磨难的时候，他们能够坚持下来，从而渡过难关。其中，最值得注意的个性特征是他们的时间观念比较强，时间对他们来说是宝贵的，不会轻易地浪费，他们懂得时间就是金钱的道理。生活中应变能力强是他们最突出的优点，并且不会慌张地做事情。

聪明的女人与这样的人交往就不要吝啬自己的时间，当你答应与对方几点约会的时候，千万不要迟到，要知道迟到一次，你在对方内心的形象就会大打折扣。因此，浪费什么也不要在他们面前浪费时间，如果你不懂得珍惜时间，那么你会发现他们也就不再珍惜与你之间的友情。

2. 芭蕾舞者——顾全大局，具有团队精神

喜爱芭蕾舞的人，一般多有很强的耐心，因为他们要想成为一名合格的芭蕾舞蹈者，就要让自己的双脚变形，然后达到适合跳舞的标准，这本身就是需要很大强度的忍耐性。同时，他们也很遵守纪律，具有一定的组织性，他们明白只有强烈的组织理念，才可能实现他们共同的追求和理想，因此，也常会为自己设定一些目标，然后全力去完成它们。除此以外，他们的创造性也是很突出的，常会有一些与传统背道而驰的惊人之作。

懂得读心的女人要想与这样的人成为很好的朋友，首先不要拿一些条条框框来约束对方，因为这样的人多半喜欢自由的生活，他们的生命中不允许有过多的人为的约束。再者，他们认为是正确的事情，你不要去强加阻拦，合适的方式是最好的选择。最后，尊重他们的追求，不要肆意评价他们的人生目标和理想。

3. 华尔兹舞者——气质高贵，宽容别人，苛刻自己

华尔兹是一种相当优雅、平衡感十足的舞蹈，这种舞蹈的内涵往往比较高雅。喜欢这种舞蹈的人，多十分沉着稳重，做事情有自己的准则，为人方面也比较亲切、随和，有一定的社会经验和阅历，通过自己的阅历总是能够让自己的气质显得与众不同。他们精通各种礼仪，明白怎么处理人与人之间十分微妙的关系。所以待人接物方面，经过时间的磨炼和自我的要求，他们会表现得十分得体，恰到好处，在无形之中流露出一种成熟而又高贵的气质和魅力。

懂得读心的女人当然明白高贵的气质不是一朝一夕就能够练就的，接近这样的人需要的是一种勇气，虽然对方为人平和，但是不要以为这样的人与你相交都是真心的，所以说深刻了解之后，再付出所有的真心未必不是一个好办法。

4. 爵士舞者——幽默率真，不拘小节

爵士舞本身可以说是属于一种即兴的舞蹈，喜欢这种舞蹈的人，多具有较强的随机应变能力，尤其是遇到生活与交际中的尴尬事情的时候，总能够化解尴尬的气氛。他们在为人处世方面多不拘小节，只要能说得过去就可以了，也是一个比较随性的人。而且具有一定的幽默感，这种幽默感并不是故意表现出来的，而是其机灵和智慧的自然流露，他们很喜欢和很多人在一起，但如果只是一个人也能够寻找和创造乐趣，所以说孤独往往不会体现在他们的身上。

懂得读心的女人会发现对方往往拥有大大咧咧的性格，并且幽默感

很强。因此，和这样的人成为朋友，会是一件很开心的事情。聪明的女人不用刻意地强求什么，只要学会顺其自然地交往，真心以待，自然而然你们会成为很好的朋友。

舞蹈就是一种无声的音乐，用它特有的肢体语言向人们诉说着情感和故事。不同的舞蹈有着不同的内涵，而每一种舞蹈必然会体现出不一样的内心。喜欢跳舞本身就是一种充满魅力的体现，在当今社会中，跳舞不仅仅能够舒展自己的情怀，更多的是它能帮助人们减压，让生活中充满更多异样色彩。聪明的女人必然是崇尚舞蹈艺术的，即便是自己不会跳舞，也能从唯美的舞步中读懂对方的灵魂之音。聪明的女人应该知道，每一种舞蹈都具有自己独特的韵味，表达着不同人所追求的精神世界。跳舞是一种无声的语言，摆出的舞姿就是对别人最好的自我表达，正如每个人的人生都有属于自己的理解和态度，当我们回望那些优美的舞步，必然会体会到超越语言与文字的另一番心境与震撼。

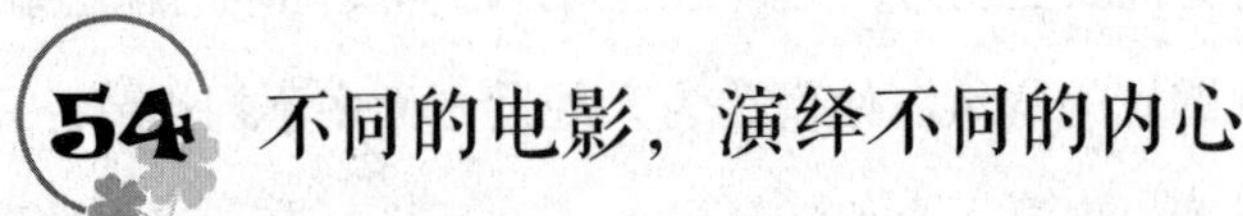

54 不同的电影，演绎不同的内心

一部电影在演员眼中是一场剧情的演绎，而在观众眼中看的则是一种心情。这种文化的盛宴带给人们的不单单是消遣，也是一种内心世界的表白。其实，若说这些看电影的人有多少懂电影、明白电影，恐怕真的为数不多。可之所以每一部电影仍然还有那么多的收视群体，主要还是因为电影里面有他们精神世界的影子。

正所谓外行看热闹，内行看门道。会读心的女人或许不一定真的能读懂电影中的每一个情节，却能通过这些微妙的情节看穿现实中人的内心。一场电影下来，别人找到了自己，而读心的女人却读懂了他们内在的真实。翻看她们的读心札记，相信你的眼前一定会随着她们的笔触有所震撼，那多种电影类别演绎藏匿的必然是别人掩饰的思绪，以及他们渴望读心的热情。

1. 动作片背后的侠骨柔肠

提起李小龙，想必无人不知，可以说他是动作片中最有影响的人物之一。他所演绎的武打动作类的影片，影响了国内外很多影迷。在当今社会中，喜欢看动作片的人不在少数，似乎他们的内心总是在向往着一种充满正义的生活。这种人在生活中充满正义感，不喜欢看以强凌弱的现象发生，只要是看到社会中的不平，他们内心多多少少都会感觉到气愤。或许他们向往的就是一种平等而正义的生活，同样地，这样的人往往是敢于负责之人，即便是因为自己的原因，出现了错误，那么也会主动地去承担。

喜欢看动作片的人内心总有那么一股侠骨柔肠，他们不是冷血动物，更不是铁石心肠，只是在很多时候不喜欢去用言语来描述自己的情感。与这样的人交往，最重要的是真诚以待，能够真诚地对待对方，即便你浑身上下全是缺点，对方也会包容你的不足。懂得读心的女人想要靠近这样的人，更加需要的是一种勇气，如果你没有足够的正义感，那么难免会与这样的人产生一定的隔阂。

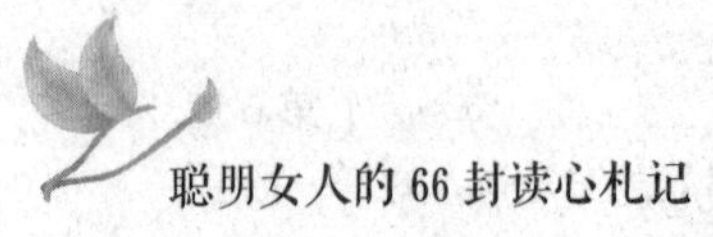

2. 爱情片背后的情意绵绵：

爱情，是一个永恒的主题，不管在什么时候，它都会在人们情感中占据很重要的一部分。曾经有人说过这样的话“只要是世界上存在着男女，那么就会永远存在着爱情”，因此，对于爱情的追求多半是年轻人内心的向往。所以说爱情片的忠实粉丝多半也是年轻一族，在现实生活中，他们总是向往着美丽的爱情，即便受过伤，也不想放弃再次恋爱的勇气和机会。对于他们而言，爱情片不仅仅是自己内心的演绎，还是自己内心的渴望。这样的人多半很重感情，在感情面前容易乱了阵脚。当然这也并不是没有好处，他们对待自己爱的人，总是能够做到无微不至地体贴，更能够做到细心地呵护。因此，有这样的朋友是一件幸福的事情。

懂得读心的女人，自然也要讲究感情，如果在感情的世界中，你无法做到细致入微，那么与这样的人交往往往会让你感觉心有余而力不足。当然，心灵的靠近必然需要彼此的呵护和支持，如果你能够真心地支持对方，那么自然也就能够打开对方内心的阀门。

3. 恐怖片背后的刺激感受

很多年轻人钟爱恐怖类的电影，这样的人往往拥有更为强大的内心承载能力。或许现实的生活让他们感受到的只是平淡和乏味，他们希望自己的生活中充满新鲜的因子，所以说他们会选择这样的电影，让自己的内心肃然觉醒。但是这样的人往往缺少稳重的心态，总是期望做事情寻找到捷径，不是每个人都能够通过捷径让生活变得更加轻松。这类人的性格中充满的是青涩，稳重成熟的性格与他们是靠不上边的。

懂得读心的女人与这样的人成为朋友，最重要的是学会寻找生活中的新鲜事物，与对方分享生活中刺激的瞬间，必然会拉近你与对方的心灵距离。当然，如果你无法经受这种刺激的感受，最好还是不要跟对方去寻找刺激的感觉。

4. 喜剧片背后的反面人生

或许你会想是不是每一个喜剧演员在现实生活中都是乐观开朗、幽默无比的，最终你会发现很多喜剧演员在现实生活中则是拥有相反的性格，他们只是在通过喜剧的塑造来让自己彰显出喜剧的形象。而喜欢喜剧片的人，多半是在生活中内心充满着压力，他们内心的压力多半无处发泄，而看喜剧片的方式似乎成了他们发泄内心不快或者是压力的最佳办法和途径。他们向往的生活或许是比较舒畅的，但是因为现实与向往出现了冲突，则让他们更加地压抑。

喜剧的效果必然会让大家开怀大笑，聪明的女人自然会运用看电影的方式来靠近对方。当然，要想真正了解对方的内心，还要你能够替对方解决内心的困难，这样必然会得到对方的信赖。

生活其实就像是一部电影，在不同的阶段主题是不一样的，而演绎的内心也是不同的。懂得读心的女人自然而然会感知到对方的内心向往，通过电影画面的冲击以及情节的设置自然会让一个人的内心表露无遗。通过观看不同类型的电影，自然会演绎出不同的内心向往。

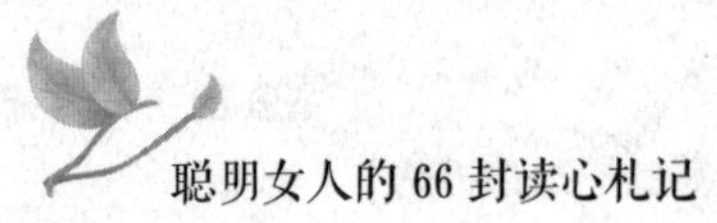

55 饮食偏好，彰显内心的酸甜苦辣咸

一个人饮食的偏好，往往是对于他们性情最真实的写意。尽管一个人可以在言辞上对内心加以掩饰，尽管他们可以靠着自己行为上的遮掩而逃过她们的审视，尽管有些时候他们可以在文字短信中用含糊其词的方式蒙混过关。但在吃这个问题上，恐怕没有谁能装得太久。

一个人的味觉往往体现着一个人的心性和情绪。这是他们自己身体所作出的正常反应，想要掩饰必然是没有那么容易的。在一般人看来，一个人的饮食偏好无非是他们自己对于美食味觉的一种习惯，可聪明的女人却从这一偏好中读出了他们内心世界的酸甜苦辣。

1. 喜欢吃生冷食物的人

生活中有这么一种人，天生喜欢吃生冷的东西，在他们的概念中，生冷的、不加太多调味的食物才是它真正骨子里带来的味道。于是我们会看到他们将刺身，生肉，或是一些冰冻的食材当成是自己的最爱。尽管有些食物看上去还带着血色，可在他们的眼中那似乎就是鲜美的代言词。

这种人多半是一些性格果敢精干的“狠”角色，之所以说“狠”不一定说的是这个人多么地恶毒，而是指当面对一些非常选择，要么心软妥协要么迎难而上的时候，他们似乎会比别人态度更为坚决。对待自己觉得是隐患的事情，即便是面对再要好的亲朋央求，也绝对不会姑息纵容。这种人有自己非常明确的行为准则，尽管在很多人眼中他们对自己和别人的要求太多生硬死板，但只要是他们要做的事情，就必然会严格按照自己定下的规则照章办事。

与这种人相处，聪明的女人首先要明白对方是一个原则性很强的人，但凡是不符合规矩的事情他们是绝对无法容忍的。由于这种人的眼睛里容不得沙子，所以如果对方身负要职，而自己又真的在别人的暗箱操作之下遭受了损失，找这种人帮你解决问题是相当可靠的，因为自己行事公正不偏不倚，只要自己真的没有过错，他一定是会秉公处理的。但假如对方是自己的亲戚，想让他有悖原则给你开绿灯的心思最好想都不要想，否则不但事情办不成，说不定还会影响到彼此之间的和睦关系。

2. 喜欢吃清淡食物的人

中国古代医著中提出的“五谷为养，五果为助，五畜为益，五菜为充”的杂食思想，一直受到古往今来的中国人的高度重视。在今天很多人讲究养生，因此很多人会选择一些清淡的食物。但是对于很多人来讲，选择清淡的食物并不是因为健康的因素，往往是因为性格所导致的。

热衷清淡的食物之人，多半注重自己的交往能力，如果他们的身旁没有了朋友，那么他们往往会感觉到不安。当然，这样的人也是比较好靠近的，做事情个性比较随和，很容易靠近。于是他们的性格就像是一盘青菜，每个消费水准的人都能够享用得起，但是他们的独立性不够强，不喜欢单枪匹马地做事情，喜欢与别人一起做事情，其实这也是内心缺少信心的一种体现。

与这种人成为朋友很简单，没有必要大费周章。懂得读心的女人要想和这样的人成为朋友，那么只要肯花费点时间陪对方去完成一些小事

情就行，比如说当对方需要人陪着去逛街的时候，你选择自告奋勇，那么肯定在短短的一天时间之内，你们之间的距离已经为零。

3. 喜欢吃重口味食物的人

所谓的重口味多半是指一些刺激性比较强的口味，比如说酱菜之类的食物。酱菜总是能够刺激他们的神经细胞和味觉细胞，让他们吃得很开心。有的人会说“喜欢吃一些下饭的菜”，这里的下饭的菜多半是一些口味比较重的菜，当然这种饮食偏好自然也有这种人想要表达的性格特色。

在工作中，他们比较稳重，埋头苦干多半是他们的行为。当然在工作中他们也是比较有计划性的，一般不太看重人与人之间的感情，所以说他们比较理性，在工作中有“大义灭亲”的风范。同样地，靠近这样的人有些困难，毕竟他们的交流不会体现在语言上，多半内向的性格会控制住他们交际的范围，所以可想而知他们的交际圈不会太大。

聪明的女人遇到这样的人其实没有必要望而却步，要学会选择适当的机会来靠近对方。当然即便你们已经成了很要好的朋友，也不要试图去触犯对方内心做事情的底线。如果你一旦触犯，不管你们是什么样的关系，最终他们都不会手下留情。

人的一生必然会经历五味瓶，酸甜苦辣咸的生活味道自然而然会在生命中翻来覆去地一次次重演。懂得读心的女人自然会想要通过对方的饮食偏好来了解一个人的内心。其实，生命本身就是一个反复咀嚼、反复品味的过程，聪明女人在这场心灵的盛宴中咀嚼的是人的心性，品味的是不同人群心中的喜怒哀乐。

第 7 章

心思随着情景转

——读心无处不在，画出不同场合里的心灵图

工作场合、交际场合以及生活场合，场合的不同，人们所要注意和考虑的事情也不尽相同。在一个人的一生中，必然要经历无数个场合，不同的情景之下每个人的心态必然是截然迥异的。读心女人不会轻易放过任何一个读心的机会，因为她们知道想要真实地读懂别人，首先就要历练一双读心慧眼，此外还要有一颗水一般清凉的内心。当自己真正读懂了那些场景之内的一颗颗真实的内心，自己也就画出了一张少有人能看懂的心灵藏宝图，那必然是自己一生的财富，值得用一辈子去呵护珍惜。

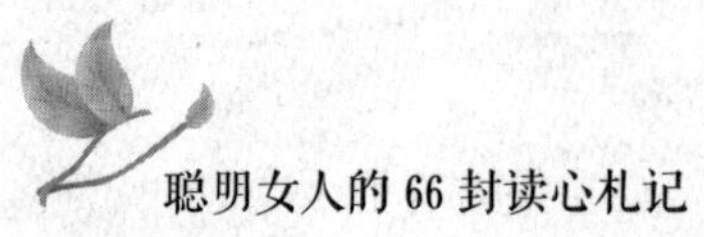

56 今年，办公室流行手语

办公室文化是一种很奇妙的文化，人们的一言一行往往都值得关注，因为很小的动作往往会体现出不同的内涵。聪明的女人，往往会通过办公室人与人之间的手势和动作，来观察对方的内心世界，从而选择找到适合自己的方式。每个人的内心往往都是不一样的，不同的内心世界往往会流露出不同的姿态，同样地，不同的心理也会通过手势来表现。

生活中，也许你早有这样的感受，当你借用手势来表达自己的感受的时候，会出现意想不到的效果，让人的身心在表达中更加通透和畅快。在办公室中，在不同的场景中，面对不同的人，往往要通过一些手势来表达自己的内心，尤其是在人多的时候，要想让大家都明白自己的感受或者是思想，那么语言和手势并用，往往是最好的方式和办法。

在工作中，一个手势往往能够让女人了解对方此刻的心情，也能够让你知道对方的思路。通过一个人的手势来了解对方不是一件简单的事情，因为你不知道对方的手势是习惯性的动作还是内心的真实体现。在办公室，很多时候需要的是手势的配合。

1. 跷起大拇指

在很多时候，办公室是一个安静的环境，人们注重的是自己的工作，因此，语言有的时候会显得比较嘈杂，让这种环境变得不够严谨，而这个时候我们需要的就是通过手势来表达自己想要说的一些言语。尤其是当你的同事或者是团队成员，成功地完成一件事情或者是一项工作的时候，你需要的就是赞美对方，诚恳地赞美对方，但是要知道语言在这个时候可能会显得比较的明显，对整个工作环境可能有一定的影响，因此，这个时候人们需要的就是用自己的手势来表达自己由衷的赞美，这个时候人们习惯了用跷起大拇指的方式来表示自己的赞美。

聪明的女人会通过这个手势认识一个人的内心，要知道能够做到由衷地赞美一个人的人并不多，而懂得在办公室用这种手势来赞美对方的人，往往是内心比较诚恳的人，他们对待事物比较真诚，即便是自己的同事为了表现自己而做出比自己更好的业绩，他们也会同样表达自己内心的赞美。这样的人往往拥有很大的气场，或者说他们往往拥有一定的度量，不会因为别人做得比自己好而产生忌妒心理。

2. “兔耳”式手势

在办公室中，女人们会发现，有的人总是喜欢将大拇指与食指紧捏在一起，将剩下的三个手指跷起，形成了像是兔子的手势。这种手势其实很常见，尤其是当对方表示同意这样的观点或者是建议的时候，会做出这样的手势，也就是生活中人们常说的“OK”。

聪明的女人往往能够通过这个小小的手势来辨认对方的内心。当一个人对自己的同事用这样的手势来表达自己的观点的时候，往往是比较赞同

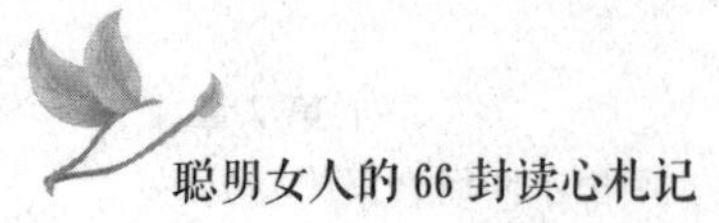

的，或者是内心会比较信任对方，这样也表明是一种承诺的姿势，这样的人往往是比较信守承诺的人，也是比较值得信赖的人。他们在性格上比较外向，活泼而不懒散，有自己的目标，同时，也会为了自己的目标去努力。

3. 十指交叉手势

在工作中，很多人会在接受领导或者是上级任务的时候选择这种姿势，他们会将自己的十指交叉放在身体前面，总是给人一种自信的感受。同样地，当他们完成工作之后，会微笑着做出同样的动作，这表明是一种值得信任的行为。如将十指交叉地放在大腿上，两手的拇指尖相顶，这个时候就不是自信的表现了，往往表示不知如何是好或进退两难的犹豫心理。

智慧的女人，通过十指交叉这个手势来了解办公室内人员的性格是再好不过的。这种手势往往是表示内心十分自信，使用这种手势的人常常神情坦然，面带微笑，并伴有无忧无虑的言谈，给人一种轻松自由的感受。同样，一个内心比较困惑或者是在性格上比较忧郁的人，往往会选择将十指交叉然后放在腿上。

办公室的手势，往往能够展现不同人的真实内心世界。由于手势活动的幅度较大，因而有较大的灵活性，因此会具有强烈的吸引力和感人的说服力，其表达的内涵非常广泛。因此，聪明的女人往往会通过自己的观察来分析办公室中每个流行的手势，只有这样你才能够让对方感受到存在的价值。一个人的内心世界往往是很重要的，而在很多时候内心都不是那么容易地被别人了解的。这个时候手势往往就充当了一种辅助性的作用，帮助一个人去展现自己的内心世界，这样一来，往往能够实现自己的有效沟通和表达。

57 点菜中的识人哲学

相信吗？下馆子吃饭也是一门学问。除了选准了菜系、地点以外，就连点菜这件小事里面也藏匿着很多大学问。一顿饭怎么能吃得舒心，从一开始就是掌握在那个点菜人的手里的。几个人，哪儿的人，多少样菜够吃，价格是什么样子，里面究竟怎样才能荤素搭配得当，口味符合周围人的需求，嘉宾中男宾多少、女宾多少，一切的一切都是要由那个手捧菜单点菜的人来掂量考虑的。

一般来说，走进餐馆人们往往会采取两种点菜方式，一种是请客的人拿着菜单自己点，一种就是让一起入座的人一起参与，一人点一个菜以后，自己再负责加菜补量的收尾工作。但不管是哪一种点法，聪明的女人总是能够通过这个小小的环节，参透在场之人的内心，从而准确地分析出哪些人是随和可交的人，哪些是贪图小便宜的人。其实一顿饭没有什么，主要是要从这个过程中看清一个人的性格品质，聪明的女人往往不会疏忽了这个小环节，虽然不起眼却显现了不同人的内心世界。

1. 只点自己爱吃的菜的人

有人在点菜的过程中总是只点自己喜欢吃的菜，而不顾及别人的感受。这样的人，往往以自我为中心，自己想吃什么就点什么。哪怕是在最低消费上千元一桌的高档酒席上，他们也会不顾及别人的喜好，上来就点自己想吃的东西，不管这道菜是不是符合当时的场合，只要自己想吃就什么都不管了，因此当点菜的权柄落到这种人手上，往往别人就不

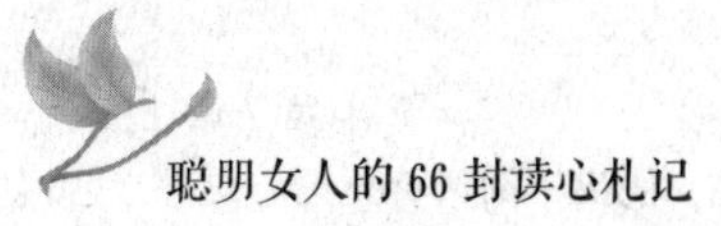

再有任何发言权。对于这种人，聪明的女人最好不要与其有太深入的合作，因为他们常常会采取独断专行的方式来操作事情。不管自己做得对还是不对，别人都必须听他的，与其给对方这样一个无理的机会，不如从顺势而退寻找更合得来的合作对象。

2. 看价格点菜的人

有的人在点菜之前都会先看价格，随后再迅速地做出合理的选择。这样的人，往往比较理智，或者是在为人处世的过程中能够做得比较圆滑，处理人际关系比较顺畅，因此，他们总是能够很好地把握住机会，也是一个思维比较全面的人。如果在生活中，遇到这样的人，那么他们往往会顾及别人的感受。对于这种人，聪明的女人是可以试着与其交往的，但不管什么时候都不要百分之百地相信对方。由于对方做事圆滑，因此关键时刻很可能还是要先为自己考虑，假如这个时候没有事先做好准备，恐怕吃亏的还是你自己。

3. 点最贵的菜

在生活中，我们经常会遇到这样的人，当他们吃饭或者是请客的时候舍不得点一些贵的菜，而在别人请客吃饭的时候，只要是贵的菜或者是自己没吃过的菜，他们在这个时候都会统统点上，根本不顾及别人的感受或者是不顾及场合合不合适。对于这样的人，我们会认为这样的人多半是爱占小便宜的人，他们在生活中，不管是什么时候都喜欢占小便宜，内心也是比较狭隘的。聪明的女人是不会多和这样的人交往的，因为这样的人总是想要拥有更多不该拥有的东西。

4. 点最便宜的菜

生活中，有些人不会轻易请别人吃饭，倘若有一天自己“破天荒”地请别人吃饭，他们也不会给别人点菜的机会，而是自己抢先地拿起菜单。这种人挑选的往往都是一些很便宜的菜，不管来吃饭的人是什么身份地位，自己也绝对会秉持着便宜至上的原则。对于这样的人，聪明的女人很容易就看出对方是一个很吝啬的人。与这种人合作必然不会顺畅，由于他们行事抠抠搜搜，很容易犯下偷工减料的错误，因此绝对不适合共同承揽合作大的事业。

聪明的女人总是能够通过餐桌来看透对方的内心，而点菜往往是一个必不可缺的过程，通过这个过程，我们经常会认识到对方的内心世界。而一个人的真实想法，往往会给对方造成一定的影响，如果一个人在点菜的时候只是注重自己，而不考虑别人，那么显然是不能够融入这个环境中的。所以说点菜是一种文化，也是一种礼节的体现，聪明的女人会通过点菜的这个过程，了解一个人的内心世界和个人性格特点。

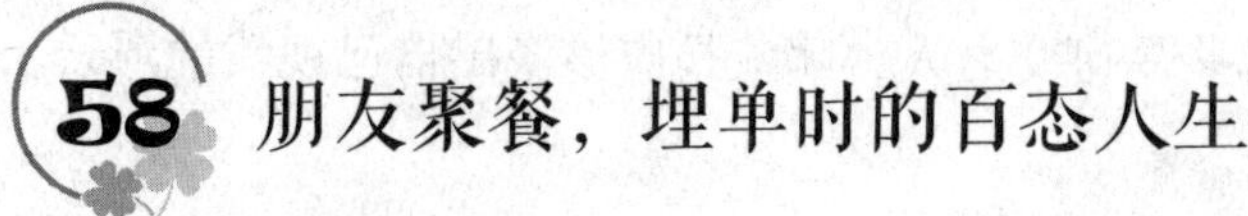

58 朋友聚餐，埋单时的百态人生

请客吃饭总要有人去埋单的，尽管这件事是那么地理所当然，但一场聚餐下来总是能够看到吃饭人的真实内心。有的人主动埋单，有的人假装埋单，有的人直接坐在那里无所事事。总而言之，对于埋单这件事

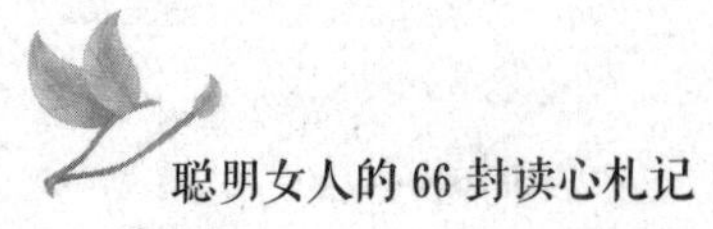

情，尽管在一个桌吃饭，但每个人的内心的想法却都各不相同。聪明的女人总是能够通过埋单的情节探明他人的内心，并从中准确地找到那些最值得交往的人。

每天面对马路上川流不息的人群，每一张脸涵盖的都是一个人不为人知的内心世界。人们常说，大家能聚在一起吃顿饭是缘分，的确世界上那么多人，为什么偏偏就是这么几个人能凑在一起呢？可是一顿饭下来，有的人会淡出我们的视线，而有些人说不定就是自己一生一世的好朋友。

聪明的女人不但会在吃饭的过程中探查人心，还会特别关注散席之前在买单这件事情上不同人的心理状态。一场聚餐，吃饭的时候和和气气，埋单的时候往往都是心态各异，不同的人表现出的态度必然是有区别的。有的人打死都不愿意从兜里掏出钱来，有的人却争着抢着也要把钱给付了，而有的人却假惺惺地说要埋单，关键时刻却想办法溜号。总而言之，人间百态就在埋单的那一瞬间得到了充分的展示。而对于这些读心精灵来说，自己永远会是一个不动声色的旁观者。在生活中，她们看似与一般人无异，会做埋单的主角，会当想埋单却未能如愿的配角，但少有人会知晓她们灵动双眼所看到的一切。一场饭过后，聪明的女人早已经锁定了目标，明白哪些是可交之人，哪些是应该淡出自己视线的浮云。

1.假装掏钱包要埋单的人

在大家吃完饭之后，如果有人抢先要埋单，这个时候总会出现一两个人口口声声说："我来，我来……"但是递上钱和信用卡的每次都不会是他们。这样的人，总是礼貌性地谦让一下，但是他们没有真心想要埋单，这样的人多半拥有着圆滑的社会交际经验，做事情往往比较瞬息万变，对待他人也不会太用心，属于“你帮我，我帮你”型的人。当然，他们也没有太大的坏心眼儿，只是做事情喜欢占点小便宜而已。

当然，他们做事情总是会考虑自己，自私的一面总是让人们吃不消。聪明的女人与此类人不宜深交，即便是交往也必然要学会吃亏，不然对方是不会拿你当朋友的。同样地，与这样的人交往，不要过多地谈到自己的家庭和事业，交流的话语多半是一些无用之言最好。

2. 就餐中途偷偷埋单之人

有的时候在就餐的时候，很多人会找借口出去，然后偷偷地付了账，等大家吃完饭还在争相埋单的时候，他会说已经埋过了，此时大家惊讶无言。这样的人多半做事情比较稳重，做事情有着长远的打算，与人交往中不喜欢占小便宜，该怎么做就怎么做。当然，他们做事情也比较认真，对待朋友多半能够真诚以待，因此，他们的交际圈很广，生活中朋友也会很多。

懂得读心的女人与此类人交往，就要避免过多地玩心机，他们很多时候能够看透你的想法，你心中的猫腻是逃不过他们的法眼的，只是他们不讲出来而已。因此，要想和这样的人成为知心朋友，需要的是你真诚相待，做事情可以直说，但是绝对不要玩弄心机。

3. 埋单时无动于衷的人

通常情况下，大家吃完饭后总有一个人会站起来叫服务员埋单的。虽然很多人不会做这个角色，但是会发现有的人表现得无动于衷，好像

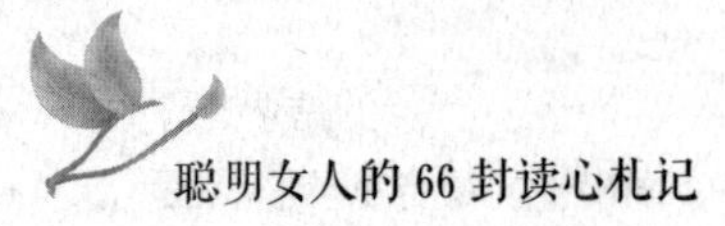

整个饭局与他无关的样子，这未免显得一点都不大方和友好，这样的人多半有着吝啬的本质，他们看金钱比什么都重要，做事情也比较自私，属于“自私自利”型。当然，要想让他们考虑到别人的感受，那简直是一件不可能的事情，如果你想要从他们身上找到利益点，那么这样的机会是很少的，可以说“一毛不拔”的本质，在他们身上体现得淋漓尽致。

当然，面对这样只想沾光不想付出的人，聪明的女人是不会轻易靠近的，即便是需要靠近对方的时候，也不会推心置腹地去和对方交往，要知道每一次的交往，女人们总不会得到什么好处。因此，和这样的人在一起要能够吃亏，容忍对方的自私自利。当然，远离对方是最佳计策。

吃顿饭没有什么，买个单也没有什么，但在聪明的女人眼中，相比于金钱更重要的还是要看清对方的真实性格、真实的内心。俗话说得好：“多交益友，少交损友。”假如能够通过几次埋单的场景而准确地分析出哪些才是最可交的人，不但会让自己收获得到可交之人的惊喜，也可以让自己今后的日子少一些由这些损友带来的弯路，多一些益友带来的扶持。

59 请客吃饭，就餐地点表露真实内心

每个人请客吃饭的就餐地点，往往都能够表露他们真实的内心取向。聪明的女人往往会通过这些小细节看清一个人的真实性格，从而走进他们的内心世界，找到与他们和谐相处的最佳方式。

正所谓“民以食为天”，请人吃饭往往是生活中再正常不过的事情。因此一个人请客吃饭的艺术就显得非常重要，一顿饭下来，去哪儿吃，点什么菜，需要什么样的排场，里面的门道可并不是一顿饭那么简单了。吃饭事情虽小，对于请客吃饭地点的选择每个人却都是各有不同的。走进不同风格的餐馆，有的人体味的是一个人自身的经济实力，而聪明女人看见的却是他所要展示表达的心性。其实在一个人的内心世界里，饮食的环境甚至比自己真正要享受的盘中美食还要重要。或许是因为某家饭馆经营的文化气息非常符合自己的胃口，所以来这里吃饭的人也就秉持了一种自信淡然的心态。

聪明女人之所以会读心，主要原因在于她们勇于在各个就餐场合亲身尝试，尽管吃的饭口味不一，但除了盘中餐以外，她们更关心的还是饭桌之人的那一个个内心世界。读心之道就在于抓住生活中的每一个细节，时时刻刻保持敏锐灵动的思绪，不但要分析出这个人的性格，还要看准了对方当下的心情。除此之外，很多聪明的女人还能准确地分析出他们曾经有可能经历过的一些故事。请客吃饭表露的是一个人真实的内心世界，在这个世界中除了喷香四溢的美食，还有他们看待人生的态度。聪明女人会在场景之中打量四周，并将自己精准的分析记录到了自己的读心札记中。小小的笔记本写出的是文字，道出的却是一把把打开人们内心世界的钥匙，下面就让我们拿起其中的这一把，推开藏在就餐地点这件小事中的那扇心门吧。

1. 豪华饭店的商务宴

一般来讲，选择在星际酒店请客吃饭的多半是商务宴请。这种宴请

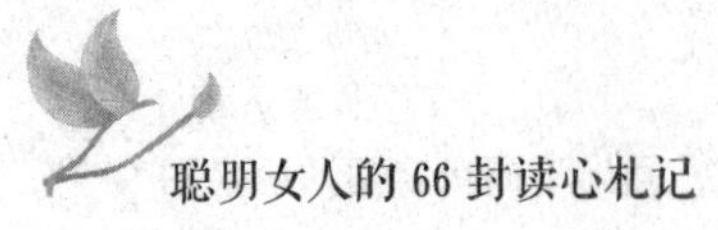

往往是为了达到一定的商业目的，而选择在豪华的大酒店请客的人，多半是在事业上有所成就或者是事业心很强的人，他们做事情往往追求的是一种排场，其实吃饭的目的就是为了利益。做事情方面也是出手比较大方，属于雷厉风行的人。但是他们存在的弱点就是太过于爱面子，生怕自己的"面子"被别人小觑。

如果女人们要想和这样的人交往，必然要学会应对的技巧，做事情必然要考虑到利益性，如果你对对方没有任何的帮助，那么想要成为他们的朋友，那似乎有些困难。

2. 文化气息浓烈的小餐馆

在现在的城市中，存在很多具有文化意蕴很浓烈的小餐馆，这种餐馆没有豪华的装修，多半是拥有一种风格，或许是民族风情，或许是地方特色。但是不管是哪种文化，都会体现出很浓厚的文化意蕴。选择在这种小餐馆中请客的人，他们可能没有太多的金钱，但是往往对生活的质量有着一定的要求，在生活中做事情也是比较细致的。当然，对待朋友多半也是十分真诚的。

因此，要想与此类人成为朋友，其实真诚是一条不变的法则。当然，除了真诚以外，不要表露出你对金钱和地位的过分喜爱和钟爱，如果你给对方留下了比较"势利"的印象，那么你要想获得对方的信任和真诚，将会是一件很难的事情。

3. 大排档、小吃街的简单请客

当然，很多人喜欢将请客的地点选择在一些小吃街或者是路边的大排档。如果选择这样的地方，那么对方请客的对象多半是朋友，并且还是很要好的朋友。他们请客吃饭的目的很简单，就是为了沟通感情和品尝美食，没有多少商业目的。这样的人多半是比较豪爽，做事情大方。与朋友相处比较真诚，乐于助人，只要是自己做得到的事情，都会主动地去帮助对方。当然，他们在事业上可能因为自己直爽的性格而不算顺利，但是他们也会有自己的人生目标和追求。

对于这样重视感情的人来讲，聪明的女人要想成为对方的朋友，必然也要看重彼此之间的情感，当对方需要帮助的时候，主动地帮助对方自然而然会赢得对方的信赖。与这样的人在一起，千万不要过于工于心计，因为他们最反感的人就是肚子里有很多花花肠子的人，如果你的性格比较直爽，那么必然会意气相投，很快成为朋友。

4. 家中请客吃饭

在家中请客吃饭的人，多半是对待自己最好的朋友或者是远道而来熟悉的朋友，一般的陌生朋友，他们是不会带回家中的。因此，对于这样的人一般心思比较细腻，对待朋友也不拘小节。做事情往往有自己的原则，但是要想让对方信任一个人，往往是一件比较困难的事情，因此，他们的交际圈比较狭小。

因此要想和这样的人成为朋友，就不要怕浪费时间，只有经历了时间的流逝，他们可能才会对你慢慢了解，从而才会慢慢地打开自己的真实内心世界。

请客吃饭也讲究一种技巧，因为请客吃饭的对象不同，所以选择的地点也就有所不同，所以展现的内心往往也变得丰富多彩。懂得读心的

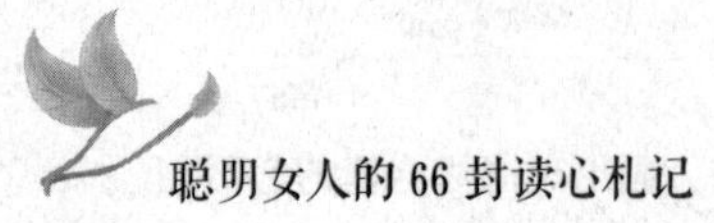

女人会通过请客吃饭的地点来分析一个人的真实情感，从而打开通往对方内心深处的大门。

房间装饰风格，往往是内心的向往

一间房间若要把它装饰得恰到好处，每一件小饰物都应该凝聚着房间主人一定的心思和审美。其实，每个人的内心都有一个美好的向往，对于家这个自己说了算的地方，什么样的风格才能让自己待得更舒服，往往体现的是一个人内心的真实向往。不管是谁都希望自己的家充斥着自己向往的韵味，让家中的每一个人都感到舒适和安逸。聪明的女人会透过房间装饰风格读懂主人的心灵走向，在唯美的家具风格中解读对方内在的真实性格。

每个人都希望自己生活的空间能够更加温馨、更加舒适，于是他们往往会选择适当的风格来装修。要知道要想让自己的房间变得温馨而舒适，每一件东西都会是主人精心挑选的，都会代表着他们内心的向往或者是性格。哪怕是一个小小的茶杯，都会展现出主人不同的品位和性格。

不管生活在什么样的环境中，每个人都会对自己的生活环境有一种更好的向往，每一个人也会为了把自己生存空间装饰得更加符合自己的向往，从而付出自己更多的心血。每个人的向往或者是对生活的要求都会有所不同，而聪明的女人自然会通过这些不同点而研究每个人的内心

向往，从而真正地了解一个人的内心世界，或许房间的装饰会帮助你看穿对方掩盖的内心真相。

恋上一种风格，恋上一个家，就是恋上了和你组成的两个人的小世界。因此，一个家的装修风格必然会影响到一个人的心情，同样地，一个人对家总是或多或少有一种向往，而不同的向往往往会通过不同的装修风格来体现。

马丽丽大学毕业后，找到了一份适合自己的工作。在工作期间，她遇到了一位不错的男士。他对马丽丽一见钟情，开始了疯狂的追求行动。作为身处异地的女孩儿，对于对方的疯狂追求，自然是难以抵挡。在两个月后两个人确定了恋爱关系。

男士比马丽丽足足大了十岁，因为一直忙于事业，耽误了结婚的最佳阶段，尽管现在自己的事业还不错，也算是衣食无忧，但始终还没有找到属于自己的爱人。马丽丽觉得对方为人很好，家庭条件也不错，觉得与这样的人结婚也应该能得到自己想要的幸福。

一个周末，马丽丽来到了这个男人的家。一进家门，她发现他家中的设计十分豪华，推开门宛如走进了宫殿。尽管心中很震撼，但马丽丽却寻思自己可能与这个男人并不合拍。由于自己始终向往的是恬静平凡的生活，而这种华贵的如宫殿般的生活似乎与自己想要的风格差距甚远。之后在与对方深入的交谈中，马丽丽才知道原来他始终有一个“皇帝梦”，他劝说马丽丽结婚以后就放弃工作，专注地伺候自己，而他一定会像对待王后一样宠爱她，马丽丽自然不会听他的话。因此，在交往了三个月之后，这位明智的姑娘主动向对方提出了分手。

房间可以说是一个非常个人化的空间，尤其是卧室，它可能是唯

——一个完全属于自己的场所。如何能把这一有限的空间充分加以利用，并且达到自己满意的效果，这往往取决于装饰者的聪明和智慧。有的人会问：“我们生活的本体究竟是什么？”如果说是一间房子、一种味道、一个能够让你彻底放松的环境，那么这也就算是答案了。

1. 豪华富裕风格——虚荣心强，尊严不容玷污

在房间装饰刚兴起的年代，这种风格的装修便为很多人所追求。而这种装修方式往往是为了炫耀自己地位的一种方式。当然追求这种装修风格的人，多半想要彰显自己的地位，也算是虚荣心比较强的人。他们有着很强的事业心，做事情总是雷厉风行。房间的主人不一定有多么高的文化水平，但是在社会中“混”的时间长了，往往会拥有很广的人脉关系，当然这样的人多半比较重义气、讲道理，尤其是对于自己的尊严有着不可侵犯的心理防御。

懂得读心的女人在生活中可能会经常遇到这样的人，而这种人多半需要的是你的认可，因此，不要吝啬自己认可和赞美的语言。赞美对方往往能够让对方更加地开心，从而也能够拉近彼此之间的距离，这样做何乐而不为呢？

2. 清新大方风格——遵循规律，性情淡定

有人认为，房间只是用来休息和生活的，因此应该有一个比较整洁、朴素的环境，每一件东西都有自己的位置和特定的空间。他们在为人处世各个方面都有一定的规律性，不喜欢别人打破自己内心的规律，而且懂得控制自己的情绪，不轻易发怒。如果你一旦打破了对方办事情的规

律，自然会让对方内心感受到不舒服，从而冷眼相向也会成为可能。

与此类人交往，聪明的女人自然不会违背对方做事情的规律，比如对方习惯了晚上下班直接回家，那么你就千万不要强求对方下班之后陪你去逛街。要知道这样打破对方做事情规律的行为，总是会让对方感觉到不愉快。

3. 恬静温柔风格——内心怀旧，依赖感强

很多人在装饰房间的时候，往往会选择一些比较温和的色彩来装扮，这样的目的就是让房间变得比较温和，给人一种比较舒适的感觉，在房间中他们往往会保留许多孩提时代留下来的东西，比如各种玩具、有纪念价值的艺术品等。这一类型的人有比较重的怀旧情结，常常会陷入过去的某种情境中而无法自拔，在他们的生活中回忆往事往往就是一种享受。他们乐于受到父母亲人的保护及约束、限制，在思想上并不算十分成熟，但是随着阅历的增加，会慢慢让自己变得更加稳重。他们多有较强烈的依赖心理，缺乏冒险意识，最乐于过目前这种衣食无忧、逍遥自在的日子。

懂得读心的女人要想和这样的人成为朋友，那么就千万不要给对方内心造成一定的威胁，要给对方带来一定的安全感，通过自己的做事和言语，让对方感受到你的成熟，从而乐于依赖你去做事情，这样自然而然会打开对方通过内心世界的大门。

4. 欧式古典风格——生性浪漫，追求奢华

古典风格是一种追求华丽、高雅的欧洲古典主义，典雅中透着高贵，

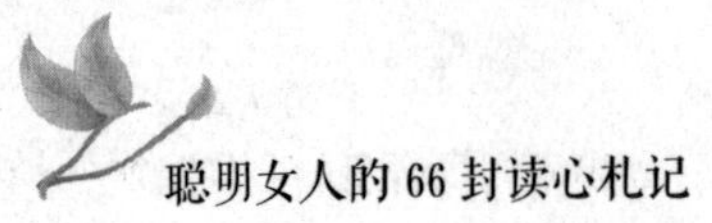

深沉里显露豪华，具有很强的文化感受和历史内涵。追求这种风格的人多半比较的浪漫，自身也有着很高的文化造诣，他们总是喜欢比较古典的文化和文艺。因此，在与人交往的时候，也往往会显得比较绅士。

从读心的角度来讲，这样的人内心往往比较宽广，追求的往往比较高远。要想成为他们的朋友，自然要学会投其所好，同时与此类人交往不可或缺的是让自己拥有一些文艺细胞，只有这样你会发现两个人才有可以共同讨论的话题。

每个人属于自己的生活空间并不是那么宽大，在属于自己的空间中选择适合自己的装饰风格，自然会让自己的内心得到愉悦。但是一种装饰风格必然会带来一种不同的内心享受。当然，通过不同的装饰风格，你自然而然会感觉到一个人对待生活的向往，一种风格彰显一种生活向往，一种向往凸显一种心态。

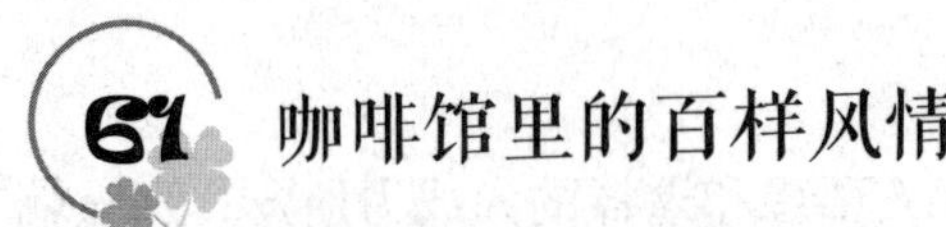

61 咖啡馆里的百样风情

有位名人曾说：“我不在咖啡馆，就在去往咖啡馆的路上。”咖啡馆里充满着浓郁的醉人香气，也尽显着人们的百样风情。聪明的女人静静地坐在咖啡馆的角落打量着那里喝咖啡的人，也审视着他们心灵深处的波动。的确，任何举动都不会逃过她们的法眼，任何情绪的变化都会通过对方的行为牵动她们的神经。

咖啡馆如今对国人已经不再陌生，它们装修风格各异，坐落在大街小巷。随着悠扬而轻柔的音乐，来这里的客人总是能有一个不错的好心情。他们有的静静地品味着咖啡的香气；有的拿起报纸伴着音乐细细地品读；有的坐在那里敲打着笔记本的键盘好像很忙碌的样子；还有的几个人坐在一起轻声地交流，仿佛在交谈着某些话题。总而言之，咖啡馆里不过就那么几台小桌，每个小桌上每天都要上演无数真实有趣的故事。那似乎是咖啡馆里的一种风情，一种代表不同人心性的风情。每个人在这里品味着香醇，也品味着自己的人生。

聪明的女人在这个特殊的地方，她总是能够捕捉到很多不经意的小细节，也许对很多人来说，这些细节并不是什么重要的事情，可对于这些会读心的女人来说却是一个不小的收获。在她们看来，咖啡馆不仅仅是消磨时光的去处，相反这里才是真正探明人生的佳境。她们会透过人们在咖啡馆里的不同行为，来判断他们的性格及情绪。这真是一个有趣的游戏，它不但锻炼了这些美女们的读心技术，也在悄无声息地陶冶着她们自身的情致。是的，一个读心高手的确是要具备一颗敏锐而淡定的心，只有具备了这样的特质，才能在看清别人的同时完善自己的人生。

下面，就让我们翻开这些聪明美女们的读心札记，看看她们在咖啡馆里的所见所闻，相比那绝对是一场了不起的读心盛宴，品味的是人心，观摩的是大千世界的百样风情。

1. 悠闲自得慢品咖啡的人——热爱生活，注重生活品质

有的人选择去咖啡厅无非是为了打发无聊的时间，或者是让自己的内心变得轻松。因此在咖啡馆，我们常常会看到有的人坐在咖啡馆里，

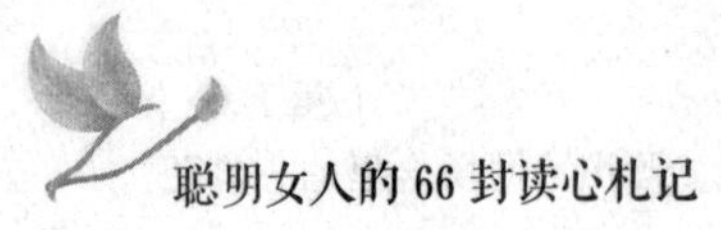

不紧不慢地品尝着杯中的香浓，好似在享受人生中一段最美的时光。他们时不时摆出一副舒服的姿态，一个人抱着一本刊物边读边回味，一切都显得那么漫不经心。这样的人多半是为了打发时间，他们做事情多半是有条不紊的，他们懂得享受生活，能够很好地利用自己的闲散时间，使自己的心情能够得到彻底的放松。此外，这样的人多半拥有浪漫的情调，生活中也是一个注重生活品位和质量的人。假如聪明的女人想要靠近这样的人，就要先懂得享受生活中的美好，如果你总是消极忙碌地对待自己的生活，那只能说与这类人是天生无缘了。相反，假如你能够向他证明你是一个同样注重生活品质的人，那么他必然会放下手里的刊物，带着微笑与你交谈片刻，说不定就在这很短暂的时光中，你们彼此就会找到很多的共同点，从而成为志同道合之人。

2. 边喝咖啡边做“演讲”的人——主动激情，却又有所保留

很多人会约朋友甚至是同事去咖啡厅喝咖啡，在喝咖啡的时候，他们习惯了喋喋不休地去“演讲”，而他们的听众就是自己的朋友。在他们说话的时候，总是显得激情澎湃，不时地提高自己的音调，而这个时候的咖啡似乎充当了水的作用，帮助他们在说累的时候润润喉咙。而他们对面的朋友多半是带着微笑，很少发表自己的言论的人。这样的人在做事情的时候，多半比较主动，生活中充满激情，做事情雷厉风行，不喜欢拖拖拉拉。只要是自己认为是正确的事情，都会大胆去做，即便是做错了也不会懊悔。对待朋友，也是比较热情，不会因为朋友的冷漠而怨恨对方。

要想靠近这样的人，女人们似乎没有那么困难，但这并不意味着对

方会把她们视作自己的知心人。由于他们属于典型的不易表露之人，因此，尽管在某些场合他们能够畅所欲言，善于沟通，但对于自己内心的想法却不愿意轻易地告诉别人。只有当他们真正感觉到你是一个值得信赖的人，才会适时地将自己的真实想法告诉你。对于这种人，聪明的女人会适度地表露自己，暴露一些个人因素，以此来谋得对方的信任，当对方踏踏实实地将自己视为知己，一切言谈也就不会再有那么多防备之心了。

3. 喝咖啡发出巨大声响的人——不拘小节，粗心大意

喝咖啡也是一种文化，也要讲究礼仪。喝咖啡其实和做事情一样，讲究的是一种规则。有的人在喝咖啡的时候会毫无顾忌对方或者是身边顾客的反应和感受，他们会肆无忌惮地发出大口吸入咖啡的声音，甚至还会将自己的咖啡勺用力地碰撞咖啡杯，发出很大的声响。他们的每个动作似乎都会充满着焦躁的音符，即便对方对自己的表现流露出不满的情绪，他们似乎也毫无顾忌。这样的人往往是一个比较马虎的人，不管是做什么事情都不懂得认真和谨慎，做事情更不懂得经过大脑，只要是别人吩咐的事情，他们就会去做，也不管该不该做。所以说这样的人性格比较直爽，没有太多的心机，甚至有的时候会给人一种呆板的感觉。

懂得读心的女人要与这样的人交朋友其实是很简单的，只要不去欺骗对方，那么他们都会献出自己的真心，如果让对方揭穿了你的谎言，那么他们会毫不客气地与你绝交，从而再也不会相信你的话语。同样地，与这样的人交往更需要的是在对方需要帮助的时候伸出自己的援助之手，只有当你真心地帮助了他们，他们会更加仗义地去帮助你。

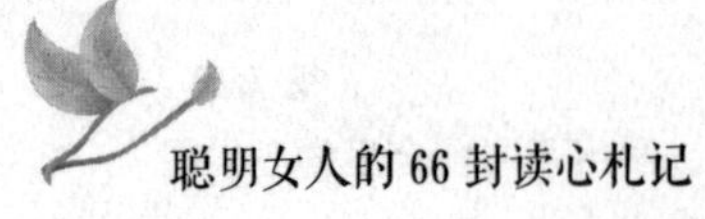

咖啡的美味总是与温暖的心意并存的，以正确的方式欣赏一杯好咖啡，不仅更容易欣赏咖啡的美味，也不至于辜负冲泡者的心意。当然，以正确的方式来分析喝咖啡的人，不仅容易加强彼此之间的沟通，也会让女人们更加地了解对方的真实心态和性格。

生活就像是一杯咖啡，不同的人品尝都会有不同的体味。聪明的女人想要看到一个人的真实内心，必然不会放弃咖啡馆中的那些真实的小细节。人心是最难掌控的，也是最难了解的，如果你真心地想要品尝他们内心的味道，就不要错过咖啡馆里的百样风情，这里面有你，有我，有他，也有那说不尽道不完的性格文化。

第8章

嗜好不同各有心思

——撩开偏好的面纱，读清男人女人的内心世界

每个人都有着属于自己的嗜好，嗜好的不同决定了每个人不同的内心世界。或许当我们说出这种话的时候，有些人会有一些诧异，真的是这样吗？有那么神奇吗？事实上在读心的世界里，每一个细节都会成为一个人表达内心世界的一种表现。也许这些小小的嗜好表现在别人眼中算不了什么也不觉得有什么奇怪，可在聪明的读心女人眼中这一切都是她们可以瞬间走进对方内心世界的一份可靠分析情报。一个小小的偏好，是如此的神秘，在读心女人的那双灵动双眼下，不论是男人还是女人，一切的心思，一切的想法，一切的秉性都会在顷刻间原形毕露。

62 看看睡姿，便知女人脾气大小

众所周知，女人在睡觉的时候，是最放松的。因为在睡觉的时候，每个人所摆的动作，都属于无意识而为，所以说“装”那是绝不会的。当然，每一个女人进入梦乡之后，其惯用的睡姿都是不一样的。虽然每个人的睡姿，并没有引起太多人的注意，但是在对美女品读的有心人眼里，这些睡姿却能作为洞察女人的重要参考依据。它将悄悄地将女人的心里予以揭示，还能将他们骨子里的那些小脾气彰显无遗。

男人选女人，是希望找到属于自己的另一半搭配，而女人找女人啦?当然是为了寻觅到志同道合的知己。但非常让我们头疼的是，女人属于保持着某种神秘感的动物，衣服、化妆、发饰，甚至是谈笑风生，虽然也会多多少少透露点儿她们的内心，但具体的表述，以及这些表述的真真假假，却让每一个接近女人的人，捉摸不定、拿捏不稳。

当然，生活在现实社会中，男男女女都有那么点儿自我防备的心理，所以在人们醒的时候，其防备应对能力，总是有那么点儿。甚至很多时候，她们都是以“表演”的形式，显示出完全不同的自我。如果你问她点儿什么，她会与你对答如流；如果你希望她干点儿什么，只要顺着其脾气，就能达到满意的结果。但大家都知道，女人很多时候的表现，并非内心所想，而那些表现很多时候，也仅仅是迎合社会之众的需要。如此一来，那些属于女人的真实性格，就相去甚远了。尤其是当遇到一个陌生感尚未解除的女人，你该如何以最快的速度，读透彻她的内心呢？

女人心海底针，她们性格千回百转，仅仅普通的接触和一般的交往，绝对是无法琢磨清楚的。据相关机构研究发现：睡姿，正是暴露女人不为人知的重要依据。比如，许多女人表面上是非常坚强的，但隐藏于内心深处的，却是那些看不透的软弱。所以，在很多善于读女人心的人看来，“睡美人”是女人唯一无法假话示人的状态。尤其如果是有机会与她们同处一室，或巧遇看到她们睡觉的姿态，定可非常准确的解析出女人内心的那些小脾气。在此，让我们跟随那些读心者的指引，去详实地解读那些关于“睡美人”的各种奥秘，走进女人，参透女人。

1. 睡得姿势不同，脾气各有玄机

（1）蜷缩睡——渴望关爱、渴望安全感的女人

当某一个女人在睡觉的时候，以蜷缩成一团的姿态出现，那么，你一定要对她多多给予些宽慰和照顾。因为通常意义上来说，该类女人的内心，是属于非常缺乏安全感的，无论生活、工作、感情，其孤寂总是会常相伴，且让她们心力交瘁。所以，对于这一类女人，倘若以一个人单独待的时间过长，她们的内心就会出现莫名的恐慌，那种对孤单非常害怕的慌张。她们以像猫一样的姿态入睡，正是其柔弱性格的外现，她们缺少温暖、缺少关爱、缺少怜护，所以依赖感非常强，总是希望有什么外力来解决问题。作为她的弱点，但同时正是这类女人的优点，因为

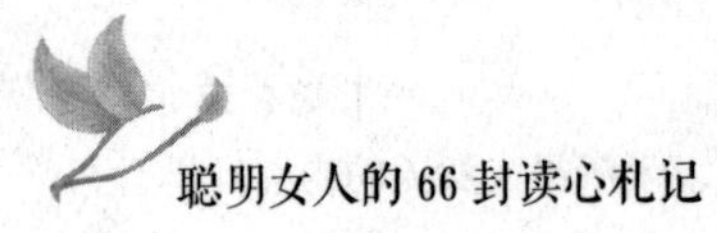

她们的天性中，总是有那么种强烈的示弱心理，所以从某种角度来说，这类女人更容易获得男人们的关心怜爱和钟情。

（2）大字形睡姿——大大咧咧、不拘小节的女人

一个女人以身体自然伸展成了一个“大”字的方式睡觉，那么说明，她的性格属于类似她身体组成的字面意义一样，大大咧咧、没心没肺。该类女人在睡觉的时候，尤其不老实，很多时候，第二天起来的时候，被子都会移位到地上，如果是已婚的女人，早上起来的时候，其老公一定也在地上。该类女人性格爽朗、谈笑风生、风风火火，这种性格常常让身边的男性朋友怀疑起性别。很大程度上，该类女人总是非常仗义，在为人处世中，总是相当的痛快、义气，从不喜欢婆婆妈妈。她们非常重感情，但是，因为其性格太过粗狂，很多时候，做了什么事情，自己都没有意识到。她们的心思不细腻，常常在自己毫不知情的情况下，得罪于人，尤其别人以反感的态度抨击她时，她经常是不知道怎么回事，等静下来的时候，她就会纠结问自己：别人为什么会有这样的反应？甚至让自己无故受伤。

（3）双臂枕在脑后——总是有怪想法涌现的女人

双臂枕于脑后的女人，说明该女人在潜意识中，属于相当重视智慧和脑力的。所以该种女人为人处世方面，有着非常高的智慧，对于知识方面，也有着非常强烈的求知热情。但因为思虑太多，一些思想常常让大家难以理解。因为大脑中沉淀的知识太多，而且这些知识之间，还进行着各种不同的联系和冲突，让其在生活中常常表现出，很多看似荒诞的想法和行为。很多时候，人们会无法懂得她们的语言，无法懂得她们

在说什么，甚至会让人觉得，这样的人难道不是和自己在一个世界？这种女人有着相当活跃的思维，其考虑问题方面，常常有着非常强烈的跳跃感。但是，她们却是属于非常恋家的人，对于家人，她们会非常细心地给予照料，其问题在于，因为那些思想的怪异感紧紧围绕，让该类女人爱上一个人的话，通常是非常困难的，就算是身边的女人，也会觉得她做出的一些举动，总是匪夷所思。因此，该类女性在大家眼中，总是担当着怪才的神奇角色，或者她们的话在若干年之后，都会得到一一验证，但在当时的情况下，她必然成为别人眼中绝对另类罕见的女子类别。

2. 睡卧方向不同，性格方向迥异

（1）左侧卧——多愁善感型女人

左侧卧，此类睡姿的女人，多与《红楼梦》中林黛玉属于同一特质。其内心非常脆弱，多数都曾深受感情伤害，所以她们的回忆往往都是悲凉的。因为人的心脏于身体左侧，而将心压于下面的女人，其潜意识往往是自我封闭的，非常希望将自己隔绝于世，不被任何人了解。通常来说，此类女人多为心重的人，对过去所受的伤往往难以忘怀。但是，因为天生的防备心理，该类女性非常善于隐藏悲伤，堪为高手。她们不善于交流自己，总是将失去埋藏于心，所以总是给人以某种摸不透的神秘感。因此，该睡姿女人，内心总有诸多纠结，如若不愿也不善于倾诉和化解，很大程度上将影响其生活的方方面面，甚至整个人生轨迹。

（2）右侧卧——理智苛刻型女人

仅仅是健康角度，右侧卧睡姿的女人，是最正确的。当然，此种睡姿女人，同样还是有一些属于自己的小问题。通常来说，右侧卧女人，

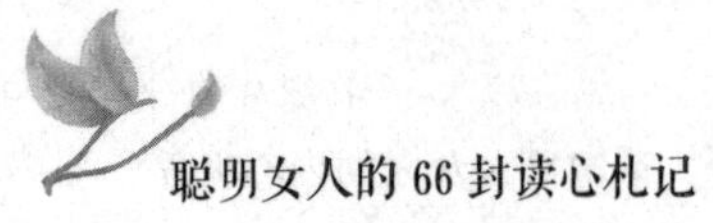

都有完美主义情结。其对事情的完美程度，比一般人都要高，对自己对别人，他们的要求都比常人要苛刻。她们渴望每一件事情都一丝不苟，不愿意做的可以不做，但如果要做，就必须做到极致。在内心非常理智的影响下，这类女人总是循规蹈矩、谨守规则、非常严谨。自己没有把握的事情，她们从不过手，做事的态度属于非常认真的，可谓超级理性。但是，正因为过于理智，该类女性给人以不近人情的外观感觉，在很多选择上，也总是给人非常绝的感觉。在问题解决上，她们都会在解决问题的方法上着眼，而她们对于对方过高的感情期待，往往是没有太多悟性的。

（3）仰着睡——胸怀宽扩的女人

仰着睡，表明这类女人一般属于温柔型。这类人给人温文尔雅的感觉，还能不时绽放些知性魅力，心胸宽广、善良大方、和气处事，都是这类女人的准则。她们于生活是非常大度的，以她们看来，许多人需要计较的事，其实都是不足挂齿的。所以，她们没有多少心理负担，总能轻松翻开全新的一天。因为平时很少生气，且与人为善，所以这样的女人，做事心胸坦荡、不爱记仇、没有小心眼，更不会与人钩心斗角。

很多时候，人们以为仰睡的女人是非常完美的，但也并不都是如此，毕竟每个女人都有其弊病所在。因为该类女人人缘太广、朋友太多，她们对每个人都非常谦和，而那些疑心重的人看到之后，总会担心这样的人，给自己的安全感不够。

（2）趴着睡——坚毅果敢的女人

趴着睡，是果敢坚强女人的表现，她们属于女人中百分之百的强人。这类女人性格坚强、进取心强、不愿屈居人下，她们是属于抱负远大的女人的代表。趴着睡觉的潜在心理意识，即是要将自己的一切，都掌握在手中的强烈欲望的外显。为满足膨胀的野心，这类女人不惜将所有压力肩负己身，渴望将自己的一切所望都藏压于身。害怕失去是此类女人最典型的性格特质，她们不服输、不承认软弱，总外露出强势之风，非常固执地将自己的坚强彰显着。正是这些坚毅和果敢，让很多男人都非常胆寒。

63 洒很多香水，极度招摇下的自卑心

爱美是女人的天性，没有哪个不爱化妆，不爱香水的。在香水柜台的周围，都是女性爱去的地方。其实，对香水的选择也是很讲究的，不同性格的女人自然也有不同的香水偏爱，要读懂女人的心，就要先读懂她们所喜爱的香水味道。

女人是很感性的，细心一点我们就不难发现，女人经常会把自己性格上的作风：如娇羞、畏惧、骄傲、自信、坚强、野性全都锁在这瓶小小的香水里，因此，香水的味道也会随着女人的性格、心情的变化而变化：有时清淡，有时浓艳或妩媚，甚至是会变得妖冶，经过女人身旁时，就算是片刻地停留，也能立刻感受到她想要表达的想法和感受，就从她们身上的那点神秘的香水味儿，似乎也在向你诉说一个故事，一个浪漫的故事，一个凄凉的传说……

女人的视觉是感性的，同时，她们的嗅觉也是敏锐的。就算是为了

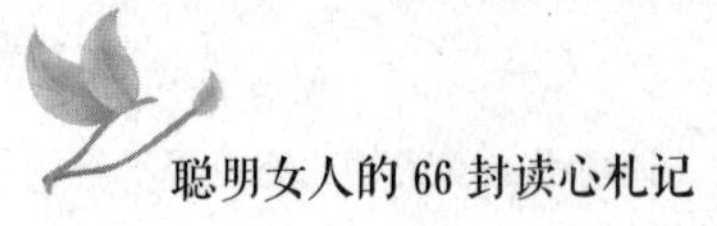

自己的那种味儿付出自己一个月的收入也要，香水的品牌固然重要，但是到了这个时候，味儿自然要追逐名牌更加重要，其实，每一种香水，每一种味道都代表着不同的女人，要想读女人的心思不妨也从这方面入手，认真地了解一下你身边的“香水女人”，看看她们属于什么样性格。

不同年龄段的女人选择香水的类型方式就不同，对于处在20岁左右青春期的女性来说，选择一些活泼的香味适合，如水果香的香水，这种香水味儿会让你觉得充满了阳光的气息，代表着青涩和美好，容易吸引同龄人的注意。到30多岁时，这个年龄段的女性就喜欢选择比较成熟一点的香水，但是这种香水要具有更多的魅力，如玫瑰花香等等。另外，选择的时候除了要和年龄相符之外，性格也是最大的影响因素，不同性格的女人，也会选择不一样的香水。有人说“闻香识女人”，没有香味的女人，如同没有香味的花一样，不会受到特别地关注。可见，香氛与女人是密不可分的。不同性情，不同爱好的女人，在自己身上也喷点香水儿，使自己散发出不同的味道和香气。女人在为自己选用香氛增添魅力的同时，也体现了她的热情与情趣。

人和人不同，所以不同种类的香水也会满足人们嗅觉中的各种需求，自由、明快、爱情、渴望、热情、忧郁，这些都能通过敏锐的鼻子感觉到。因此每个女人都会根据自己的性格和喜好而选择不同款式的香水。我们也经常会遇到，有的女性身上会散发出浓浓的香水味，有时觉得挺别扭的，但是如果你在一个懂得读心的女人身边时，这样的女人就会做出自己的分析。有的女人也会用香水来体现和提高自己的品位，会为自己选择比较高雅的味道。对于那些为何在身上喷洒很多香水的女人来讲，她们的内心自然也是值得研究的。

1. 暖香型香水女人——缺乏安全感

比较性感的女人，她们在性格上也是温婉多情的。她们身上会散发出那和强烈的人韵味，会让人对他们有很多幻想，暖香型本来就是能够让她们的气质更加温婉，但是如果喷洒过多，会让这种香气变得浓重，似乎变了一种心情。想要表达的是另一种情感了。这样的朋友，我们会发现她们对自己的生活是存在一定的幻想和希望的，如果这种幻想一旦破灭了，她们就会产生一种内心的恐惧，变得严重的缺乏安全感，暖香型的香水也许会给她们带来一些的安慰，于是她们往往会选择过量的喷洒一些香水，从而克服自卑以及恐慌的内心。

会读心的女人也能和她们成为好朋友，只要多给予她们真诚的安慰和鼓励就好，也许你的安慰会让她们的内心少一些恐惧，她们会将自己的内心打开，让阳光照进来，也就会更加相信你，会被你的安慰所感动，自然和她们的关系也会变得更加融洽。

2. 冷香型香水女人——掩盖不住内心的冷和痛。

这样的女人就像是冬天里那棵孤零零的大树一样，独自站在寒风中，总是给人一种冷冷的感觉，这种香气确实也不够甜，还让人感觉有些苦的味道。这样的女人总是显得比较成熟，追求浪漫。可如果她们得不到理想中的境界时，她才会在冷酷的现实面前总是受伤，每一次受了伤都会让她们感觉到现实的残酷。可她们又无法克制天生的浪漫细胞，就变得清高，有些神秘感，一般的朋友都很难猜透她们的内心世界，当她们将这种略有苦味的香水过多地喷洒在自己身上的时候，她们内心一定也是受到了一定程度的伤害，似乎只有用这种苦味的香气，才能够掩盖住

自己内心的痛苦。

会读心的女人能看出这种女人需要的是温暖，她们其实并不是那么容易靠近的，作为朋友的你想要给她们带去温暖，她们也不一定会接受。如果你真想要和这种女人成为朋友，就要掌握一定的交际技巧，你可以选择一个适当的时机，从轻松的话题入手，不要刻意去窥探她们的内心，如果你的窥探给她们带来了恐惧感，她们有可能会瞬间的远离你。因为她们对什么事都会很敏感。

3. 喷洒很多香水型的女人——主动型女人

在人们的印象中，对这样的女人的看法通常是两个字，“妖艳”，然后，会在心中出现一个可怕的画面，画面中的女人抹着大红色的口红，化着浓妆，穿着时髦的服装，染烫了的头发，走过人们的身旁，留下浓郁的香气，因为喷洒过量，给人一种很刺鼻的感觉，甚至会给人一种要打喷嚏的感觉，当你闻到了这种香气，鼻子就会立刻响起警报。这样的女人的性格：就是始终按照自己的意愿办事，她们对每个人都会表现出少有的热情，但是在她们热情的背后，却蕴藏着的是内心的寂寞，她们希望通过香水的味道，来寻找到一个真正的朋友。这时在表面上所表现出来的高傲，就是为了掩盖自己内心的孤独和自卑，当你发现这样的女人总是面带微笑的时候，其实那种微笑已经成了一种习惯，并不代表着快乐。作为朋友的你，应该多关心一下他们。

和这样的女人成为朋友，最重要的是你要做到对友谊的真诚，你不用太主动，但是你一定要真诚地对她。她们如果主动的跟你打招呼，你一定要作友好和真诚的回应，当她们感觉到你的存在对她们是一种威胁的时候，她们自然而然会远离你的视线，再也不会对你有任何的信任可言了。这类女人也不会因为受到了你的批评而彻底远离你的，只要你是真心的，她们以后还会很乐意接受你，如果等她们知道你的批评是为她们好的时候，她们会更加的信赖你。

女人们都应该有自己的一款香水，不管你喜欢的是什么款式的香水，记住都不要喷洒过多。读心的女人会发现：在那种浓香之下自卑的心，在暖香之下那颗缺乏安全感的心和在冷香之下那颗受了伤的心。不同的女人会选择不同的香水，细细地分析香水背后的那颗心，也能够帮助聪明的女人认识女人。所以说，香水与女人有着不解的情缘，女人善于用香水凸显自己的心情，那么睿智的女人自然也懂得透过香气来嗅出女人的内心世界。

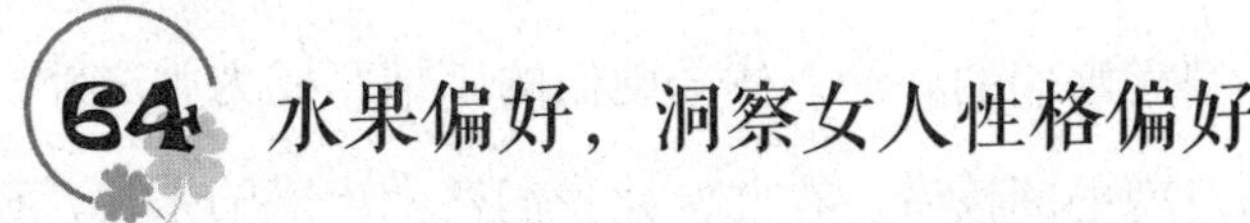

64 水果偏好，洞察女人性格偏好

哪个女人不爱美？尤其对于各种美化自己的事情，比如吃、穿、用，等等，她们都是非常上心的。穿、用问题，众所周知，但说到由内而外的调养，“吃”绝对是不老神话的完美支撑第一要务。水果能养颜，且酸甜适中的口味，如何让爱吃的美女抵挡诱惑？但你可曾了解，因为每个女人对于水果的不同偏好，其实正暗含着不同的性格取向。而在那些各种各样的水果之中，更是蕴含着各色水果女人情绪的各种酸与甜。

你是喜欢什么水果的女人？是苹果？是橙子？还是葡萄？或者草

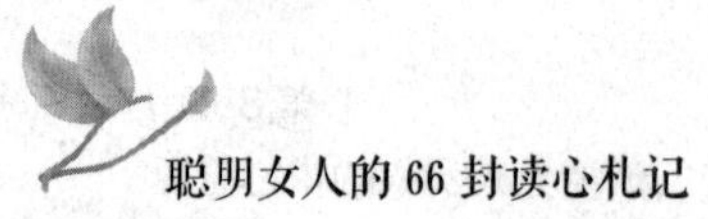

莓？从现实生活中看，只要说到水果，往往总是自然而然的与女人相提并论，这是绝对正确的。从各种大小水果医疗广告，再到各种水果摊位前选择徘徊的各色美女们。总而言之一句话，美女感性的内心世界，那些对水果的青睐，从很小的时候就开始微妙萌生了。只要我们用心观察，就会发现每个女人对于水果的爱慕、青睐，都是完全一样的。或者有人会说："那又怎么了？萝卜白菜，哪个不是各有所爱？人家不就选个水果嘛，至于大惊小怪？"的确，我们真就是从女人对于水果的偏好中，看出了那些体现自我性格趋向的各种含义。

事实证明，各种不同水果就好像我们人类一样，有着自己所在的不同位置和特质，感官、口味、甜度、性味，之所以它能备受美女青睐，正是其来自心灵深处的某种共鸣使然。而这种微妙的共鸣，也必然会体现在女人自身的那些性格当中。只要我们以细微认真的观察，再结合敏锐的分析，我们就能从其偏向的水果中，源源不断地揭秘出那些内心隐秘的世界，洞察她们的心绪，体味她们的感情，成为她之外一个练达熟悉她思想和灵魂的阅读者。在此，让我们盛上丰盛的果盘，在大家品味果香的同时，一起细细品味那些有关水果女人的心灵之秘密。

1. 草莓——华丽的高品位女人

喜欢草莓的女人，通常会非常注重自己的外表仪容。在她们的眼睛里，不管有人还是没人的时候，追求生活美感是必须坚守和坚持的。所以，我们总会看见，不管在什么时候什么场合，该类女人都总是展现着自己非常亮丽的一面。只要条件允许，即使是只有五六件衣服可穿，她同样还是会按自己的想法，将自己规整的尽可能地靓丽一些。在周围人眼中，该类女人天生就喜欢那些，关乎美的事物，任何的东西。如果以十个人站成一排，外来者首先看到的，必然是她！所以，该类女人的魅力与诱惑，总是同时具备。在其内心，一直向往着华丽高雅的生活，就算天意安排不同，每个女人都必须根据自己的生活实际加以权衡，但这类女人不会，而是情不自禁地将自己的位置，不由自主地向那个方向逐渐靠近。就算是没太多钱，也会利用衣服色彩和款式，为自己打扮成当时人群中最为闪亮的一个。

2. 苹果——生活简单的可靠女人

偏爱苹果的女人，让我们必须认识到的是，该类女性属于心灵上非常缺乏浪漫情节的类别。着眼于现实，对于别人的浪漫表达方式，总是没有太多的悟性。很多时候，这类女人最为关注的事情，主要是诚信，这也是能够非常切实解决问题的最有效方法。如果让她跟朋友或情人一起，多多畅想浪漫或是柔情蜜意，她会告诉你，她更愿意多花些时间帮自己，以储备过冬的粮食，她更喜欢自己的现实生活。一般来说，该类性格非常坚毅果敢，她们很少跟别的女人一起嚼舌头根儿，更不会花心思去跟别人钩心斗角。只要是答应了别人的事情，在她们这里，都会得到非常切实的落实，所以，不论作为朋友还是下属甚至是情人，该类女人出现背信弃义的可能性，是非常非常低的，因此如果你想有一个实实在在的交心人，该类女人将是最佳选择。

3. 葡萄——害怕孤单的快乐女人

葡萄属于特殊水果，其果子不大，但却以串状一个接一个进行连接。

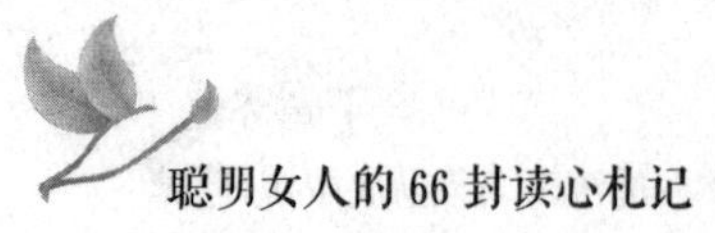

虽然每个果实都是独立个体，但它们彼此联系却非常紧密。正是这些，揭示出葡萄型女人性格的不同特质。通常来说，该类女人往往是害怕孤单、喜好热闹的。她们总是希望每分每秒都有人能相伴，有人给予关心。寂寞、孤独这些词，她们都希望在人生的词典里不出现。她虽然对于自己的独立空间总是非常注重，但是对于别人的独立空间，她们也给予了相当的尊重，她们总是期待自己和朋友的距离能再近一点，千万不能有丝毫的彼此疏远，而仅仅留下自己独自体味那些寂寞的滋味。

4. 橙子——谦卑腼腆的神秘女人

对于喜欢橙子的女人，行为上则属于非常谦卑腼腆的。在她们眼中，一切的东西都没有一个人的内涵重要。众所周知，橙子的外表正是以果皮紧紧包裹而成，除非你准备将其打开，才能真正感觉到其中的酸甜多汁和完美口感。所以，以这种水果的特性来看，爱吃橙子的女人都是外表低调的，但内心却绝对聪慧可人，内秀而风趣的形象特质正是其蕴含的。见面第一次，她会给你谦卑谨慎的感觉，尤其对于礼数方面掌握得恰到好处。但当相处时间长了，她更为风趣活泼的一面就会展现在你面前。橙子型女人属于腼腆与活泼的双重性格类别，只要我们予以细细品读，就能从其中看出她女性美感中的别具一格。

从性格方面看，葡萄型女人属于快乐至上主义的绝对代言人，她们的世界里，万事万物都是比不过自己的心情重要的，快乐是世界上最为可贵最必需的生存元素，所以她们会将心理上的可能会影响到好心情的事情，通通摒弃掉。比如有个生意，有人愿意出高价，但是必须要求她付出悲伤一分钟，而另一个人出价非常低，却能给她一天快乐的好心情，她绝对会毫不犹豫地选择第二个。

经过以上三种水果女人的解析，同为女人的你是否有了非常多的感悟？或者你会将水果的性格特质，拿到自己的身边进行对比，或者你会从此以另一个视角，去敏锐的观察别人。但是不管怎样，从今天开始，作为一个善于拿捏别人，懂得读心知识的美女，你一定会开始对身边的水果，和那些偏爱它们的女人，有一个完全不同的认识。尘世万物，无论任何东西，任何物件，任何单元，都会因为我们人类对其的不同存在，而赋予它全新的感情。而作为感性的女人，也同样会对触动她每一根心弦的东西，生发出某种倾慕眷恋的情绪。其实，对于读心的作用并不仅仅在此，在大家了解自己的同时，也在这些时间里与别人不断达成一致，最终找到彼此非常相似和非常不同的点睛之处。

65 探听大小消息女人的小心理

是非天天有，不听自然无。然而，人是有耳、有嘴、有心的，偏偏就有很多人特别喜欢搬弄是非，特别是女人。从古到今，是是非非，真真假假，大多是女人八卦出来的成果。女人的本事之大，尤其说是非的技巧尤强，探听到煤球是白的，就能让四周的所有人都跟着自己相信煤球是白的。究竟是什么动力促使女人不断去打探那些小道消息，窥探与其毫无关联的隐私呢？恐怕其间必然有着某种不为人知的心理因素吧。

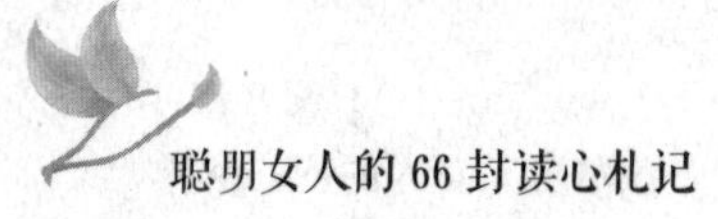

常常听男人抱怨："女人是不是属麻雀的，一天到晚叽叽喳喳的没完没了。自己的事情还没摆平，还天天对别人的事情那么上心。倘若别人家出点什么事儿，人家没什么表情，你看把她兴奋的，碰见谁都要说上一通，这到底是什么心理呢？"的确，八卦神聊素来都是女人业余生活最为活跃的活动之一，自己的事情不愿意让别人知道，可别人的事情自己是百分之一万的有兴趣。

其实，并不是所有的女人都很八卦，女人与女人之间往往也会因为这些问题而感到困惑。在这个压力巨大的社会里，很多工作忙碌的女人听到这些与自己真实生活大相径庭的传闻时，往往会心情郁闷，心想："这到底是什么乱七八糟的？你真的是我吗？你怎么知道我是这么活的？退一万步，我真的是这么活的，跟你有什么必然联系么？"

这些爱探听别人隐私，然后拿出去八卦的女人究竟有什么瘾么？是生活太无聊了没事儿干，还是心理上有些什么问题呢？当很多朋友在心中产生了类似的纠结和不解的时候，便开始将求解的目光投向了那些善于读心的美女们。因为同为女人，所以她们非常了解女人内心的天性，因为她们掌握读心技巧，所以能够将对方心理上的问题看得一清二楚。其实，世界上没有什么事情是没有原因的，既然有人会这么做，就必然要找出整个事情的原委，这或许就是一个读心女人出于自身敏感的天性和敏锐感官下的一种相当精准的见解吧。

只要用心观察，天下的女人都有好奇心，都爱打听，这是女人们的通病。但是四处打听的目的和心理却是各有不同的，有的人是为了提前防备，有的人则是诋毁她人，而有的人却是想过一把幸灾乐祸的瘾，到底是怎么回事儿，现在就来让我们随着读心美女的思绪将一切真相慢慢滤出头绪吧。

1. 汇总信息提前分析——防备心重的女人

每个人都有自我保护的本能意识，当一个女人面临感情、生意或是其他重要事情而自己却没有过多把握的时候，首先想到的是通过其他途径获得参考资料。有些时候即便是自己不能亲自行动，家里的老母亲也会对女儿的事情自告奋勇。不用女儿发话，老将出马恨不得把对方祖宗是谁都查个水落石出。这样做的原因其实也很简单，因为心里没底，摸清对方的一切，起码在还没出现问题之前先提前防范。害人之心咱没有，可也不能吃亏不是？就这样，为了自己未来能够有一个好的结果，很多女人就这样走上了四处探听的道路。

千万不要小瞧了女人们这种探听消息的本事，她们不仅用女人特有的细腻之心捕捉任何有价值的信息，还能将一切收获的情报加以汇总，进行系统分析，力求做到知己知彼。女人们倒是对这种繁杂的事乐此不疲，但是那被调查的人心里肯定是不乐意的，知道了也是会很生气的。但是，谁让每个人心里的小秘密都不愿意拿出来晒给别人听呢？

对于这种女人而言，只有自己知道得越多，她们心里才会越踏实，万一对方有哪些事情是自己很在意的，找个时机隐身而退是她们最常干的事。这种女人的心里很难树立对别人的信任，同这种女人接触，最好老老实实地把自己的事情多讲一些出来，这样等到她自己调查与核实，发现大部分都是实话的时候，她们便会对你的为人渐渐表示认同了。

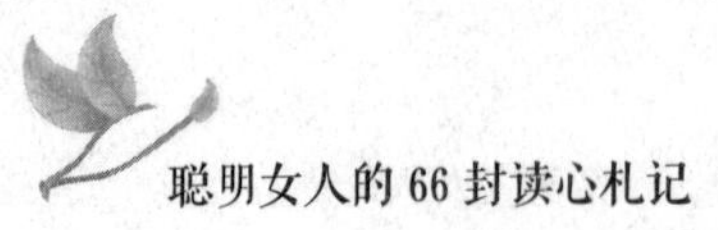

2. 暗生嫉妒找碴诋毁——妒恨心强的女人

女人生性嫉妒心强，这事儿不用多说，地球人都知道。但是这种内心的嫉妒究竟是怎么表现出来的，恐怕不同的女人有不同的表达方式。其中一种方式就是千方百计地探听消息，然后筛选出最不利于对方的那些信息，拿回去进行自我加工，将事实夸大到无法形容的地步，最后用编造出来的“杰作”四处宣扬开来了。

有些人就不明白了，如果真是这样，她自己去编就好了，为什么还要四处探听呢？其实，这正是这种女人的聪明之处。至今为止，不管是戏说的历史还是明星之间所谓的绯闻八卦，哪些不是有点现实的假象呢？想编故事不难，难的是这故事要让所有人都相信。假如没有梗概和现实中的表现，自己杜撰出来了，又有谁会相信呢？

因此，我们常常会看到，当有些女人发现自己嫉妒的对象有了一些可以杜撰的行为，比如今天她约了个朋友一起吃饭，而这个朋友是男的。于是乎，她的内心开始浮想联翩：这个女人外面做别人小三，这个女人乱搞婚外情，这个女人在做很多不正当的生意，等等。总而言之，任何不利于对方的乱七八糟的想法都会出现在脑海里。

古人常说“最毒妇人心”，心坏了的女人，还有一张刀子嘴。她们能把死人说活，能把八竿子没影的事儿说得比真话还真，真到别人产生疑问的时候，人家还有证据：“你看，谁谁跟我一起看见的，当时他们俩就在咖啡厅坐着聊天，还特别亲密的样子呢！你看看现在的女人……”等到这一切宣扬开来，不但对方没面子，就连和其一起喝咖啡谈事儿的朋友都觉得很尴尬。要知道，女人出去见朋友也是很正常的，这么一胡说八道，倘若对方的朋友是个有家室的人，没影的事儿传到人家老婆耳朵里，岂不是跳进黄河也说不清了吗？这张嘴简直比刀子还要厉害，杀人不见血。

“嫉妒不平，怨人害己。”对于这种女人，她们总会有露馅的那一天，最好的办法是抓着一回就不能放了她，一定要当着大庭广众的面证明自己的清白，并让她拿出一个合理的解释。只要大家都明白她是一个怎样的人，那么下一次她再八卦的时候，也不会有人搭理她了，终究怨人害己。

3. 幸灾乐祸找题调侃——爱生是非的女人

“编故事”的女人具有蒙蔽性，还能体现一些女人聪明的本性，有一类女人的做法，却是纯属损人不利己，毫无技术含量。她们不会杜撰，而是有一种幸灾乐祸的心理。或许是因为自己觉得生活太过于乏味，所以这种女人特别喜欢去打听谁家生意被倒霉看上了，谁家现在经济陷入困境了，谁家孩子谈恋爱被甩了，谁老人现在生病住院不知道是死是活了。每当听到这些事儿时，这些女人当着当事人都会深表同情，但内心却在产生一种莫名的喜悦，心想：“太好了，想不到你也有今天。”

倒霉的这家人跟她有什么过节么？细细想想来还真是没有；要说对方有什么事情对不起她么？仔细分析，貌似他们之间还真的不是特别熟悉，且很多人当时还觉得她人不错，经常会打电话来问候自己。要说这种人也的确无聊，假如对方倒霉了，尽可能地去帮助一下人家也是好的。可有些事情明明是举手之劳，但她还真就无动于衷。要说你不帮也就不帮了，她们还会有事儿没事儿的给你打电话，问你现在问题解决的怎么样？起初很多人并不在意，但时间一长才发现，这种电话并不是因为关心，而是想看看你现在是不是还活着，有没有什么新鲜的“笑话”可以听。

这种爱打探的女人，有一部分会将听到的一切讲给别人听，然后再加上一些自己的负面评论，通过别人的取笑来加深自己的快感；有些则什么都不说，自己一个人坐在那里暗自窃喜。这种观点并不是空穴来风，有些时候，我们会发现这种女人总会有一些怪异的行为，例如：她们打电话，听说对方有不幸之事，电话里她们极尽安慰，可是一放下电话眼睛就开始明亮起来，恨不得自己一天都容光焕发，跟谁说话都那么殷勤，心情自然是超级好的。假如听到人家解决了某些棘手的事情，她们的脸色就会一下子变得很难看，一天感觉心情都很郁闷。

有人会问：“人家的事情，跟你有什么关系呢？人都是自己活自己的，活得好或不好，别人的事情跟自己还是关联不大吧！至于那么兴奋么？难不成你还要破费一下买个爆竹好好庆祝一下吗？”其实对这种女人，不必过于计较，在读心美女看来，她们的行为，自己完全是可以至若枉然的。假如你真的想好好气气她，每次打电话来的时候，就告诉她自己过得很好，什么都好，别提多爽了就对了。少说不开心，多说开心她就会很郁闷。

当然，倘若你觉得话说多了，说不定会引起对方的嫉妒，那么最好的办法是电话来了，让别人去接，说你正忙着呢，哪天再给她回电话就对了。假如她们真的不知趣地要当面向你询问，就尽量找个机会快点撤退，自己的事情无论是好是坏，让这种人知道太多了都不是什么好事儿的。

66 透过饮食偏好，看清男人内心的酸甜苦辣咸

“人是铁，饭是钢，一顿不吃饿得慌。”吃饭是生活中必不可少的，无论你是多么的志存高远，因为工作如何忙碌，但饭总是要吃的，柴米油盐酱醋茶这点生活中的小事你总要放在心上。其实，“吃”也是一门大学问，咱先别提那些刀工的精细、色香味的百般搭配、调和的高要求，就从一个人的饮食偏好上，我们就能窥出其内心的酸、甜、苦、辣、咸。

曾经有一部电影叫作《瘦身男女》。

郑秀文饰演的女主角 Mini Mo 本是位窈窕淑女、清丽佳人。在遭受失恋的刺激以后，开始化悲愤为食量，将一团团肉蛋、一张张肉饼、一块块肥肉塞进自己的口中，最后胖得几乎连门都出不去。

这时，她有缘认识了同病相怜的肥佬（华仔），或许是由于同是天涯沦落人，他们惺惺相惜，很快成了知己。在交往的过程中肥佬得知，Mini 与初恋情人黑川有个“十年之约”，如今距约定日期只剩 45 天，但胖的一塌糊涂的 Mini 显然已不敢再与黑川见面。肥佬虽然对 Mini 有好感，但为了成人之美，矢志帮助 Mini 恢复原貌。在余下的日子里，他们经历了魔鬼般的训练，功夫不负有心人，终于时间所剩无几时达成所愿，肥佬与 Mini 都减肥成功。十年之约来临那天，黑川如期而至，看似有情人终成眷属，但一次偶然，Mini 在电视访谈节目中，看到肥佬为帮她支付瘦身费用任人蹂虐的视频，她明白了自己的心，于是离开黑川去寻找肥仔。几年后，她已经成为知名作家，并出版了自己的瘦身秘籍，

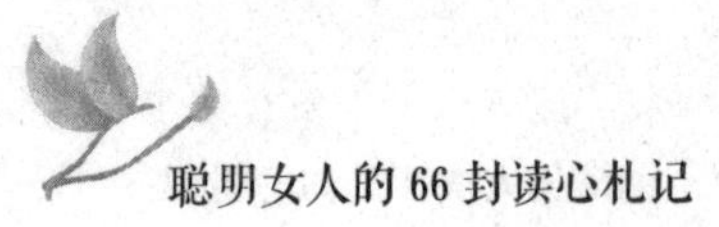

并重新邂逅肥佬，真正实现了有情人终成眷属的佳话。

心情沮丧的时候喜欢大嚼特嚼，如《瘦身男女》中的那些痴男怨女，有的人却因心情沮丧导致食不下咽，于是就有了“衣带渐宽终不悔，为伊消得人憔悴”。之说，其实饮食与人的心理有很大的联系，从这方面可以折射出一个人的性格、气质以及心情。

在形容某人埋怨意中人对别人暗送秋波的词叫“酸溜溜”；当我们在被幸福包围时心里是“甜甜的”；当我们的心被刺狠狠地伤时流下的是“苦涩”的泪水。人生百味呀！只要你平时细细琢磨一下就会发现，酸甜苦辣咸这五种味道都能找到相应的心情对应词。

话虽如此，那么，我们要怎样通过饮食来解读男人的内心呢？请往下看。一般而言：

1.喜欢吃大米的男人——自恋的男人

这样的男人会有自恋的情结，容易陷入自我陶醉中，孤芳自赏。不过，他们在办事的时候会比较得体，比较通融。不足的是，他们不爱帮助别人，有些自以为是。如果你与这种男人交往的时候，希望得到他们的帮助，最有效的方法就是顺应他们的自恋情结，有事没事送他几顶高帽，他们的自我意识得到满足，说起话来也就容易多了。

2.喜爱吃面食的男人——能说会道的男人

还有一种男人，他们个个能说会道，喜欢渲染事物，但是他们的意志不够坚定，在遭遇重大挫折以后，很容易让自己丧失自信。当遇到这类朋友时，我们就要尽力去扮演一个“鼓励者”的角色，当他们陷入迷茫之时，设法帮他恢复自信，他是不会忘记你的好的。

3. 喜欢吃烤制品的男人——专心致志的男人

这样的人做起事来一般比较专心，也有很强的上进心，属事业型的理想男人。但他们不好的是性情较为急躁，欠温和，常灵机一动便有主意却又缺乏当机立断的气魄。与这种男人相处听麻烦，你既要忍耐他的脾气，又要激励他的魄力，不过只要你调教得当，那肯定是一支不错的潜力股。

4. 喜欢吃酸口味的男人——有事业心的男人

重酸口味的男人，这类人比较有事业心，他们不会让自己过好吃懒做、安于现状、得过且过的生活，就属于那种闲不住的主，看着别人比自己强心里就别扭，一心想着超越、再超越，不断地超越就是他们的人生目标。但由于生性太好强，他们的性格往往较为孤僻，不喜与人交际，遇事又爱钻牛角尖，认准的事就要做到的那种，所以，他们在生活中很缺少知心朋友。在与这样的人交往时，我们积极主动一些。谈话时，尽量用婉转语气，切忌当场分辩、心不在焉，以免引起他们的猜忌与不快。

5. 喜欢辣口味的男人——火暴脾气的男人

喜欢吃辣的男人，他们的性格就好像辣的口味一样的火暴，这类男人属于“多血质”型的性格。在和他们交往中，他们经常也会给你一种热情大方的态度，但是触怒他们，就一定会有麻烦。他们发起脾气就像长老了的朝天椒一样，辣的你双颊赤红、两耳发聩。在地域上，川、湘、贵、赣这几个地方的人比较嗜辣，其脾气也和这里的辣椒一样火暴，轻易不要得罪哟。

6. 喜欢吃甜食的男人——温文尔雅的男人

喜欢吃甜食的男人，一般来说他们的为人比较温和，属于“黏液质”型性格。他们做事时会小心翼翼，比较保守，没把握的事基本不做，比方说上海男人，女人要是能嫁个“上海男人”那算是有福气了，里里外外都不用自己操心，上海男人很会精打细算，既会赚钱又精于家务。就是，比北方男人少了那么一些男子气概。当然，那也是萝卜白菜，各有所爱嘛。

7. 喜欢吃生冷食物的男人——精干干脆的男人

这类男人大多是以一些性格果敢精干的狠角色。当然，所谓“狠”，是指在面对抉择时，他们往往较于常人更为坚决。姑息养奸、对他们不利的事绝不会做，就算是面对亲朋好友。一般原则性较强，尽管常被别人指责其死板，只要是他们认定的事儿，就一定要依据自己的规矩完成。与这种人相处，你不能触犯他的原则，他们的眼睛里是绝不揉沙子的。不过，倘若他们握有实权，而你又确实被人“坑害”、“暗算”，找这种人帮忙绝对是明智之举。因为他们有“黑脸包公”的个性，只要能办到，就一定会秉公处理。相反，倘若你想通过裙带关系，让他们给你开绿灯，那最好趁早打消此念头，以免“偷鸡不成蚀把米”。